Vorwort

Dieses Buch soll jungen Erwachsenen bei der Findung ihrer beruflichen Zukunft helfen und ihnen die Berufe im Gartenbau näher bringen. Es ist Bestandteil der Reihe „Vorbereiten auf Ausbildung und Beruf“ und ist speziell für alle Formen der Berufsausbildungsvorbereitung im „Grünen Bereich“ entwickelt worden. Die Grundlagen für die Inhalte sind erprobte Qualifizierungsbausteine aus anerkannten Ausbildungsberufen in diesem Bereich.

Im einleitenden Kapitel sind viele Informationen zum Kennenlernen der Berufe im Gartenbau – unterschieden in Produktion und Dienstleistung – übersichtlich dargestellt. Einen Schwerpunkt bilden die Grundsätze zum Verhalten gegenüber dem Kunden. Zusätzlich werden umfangreiche Informationsquellen für die Berufswahl benannt und der Umgang mit ihnen erklärt.

In den anschließenden Kapiteln „Mit Pflanzen arbeiten“, „Mit Werkstoffen arbeiten“ und „Die Baustelle abwickeln“ werden die Sachverhalte in einer einfachen Sprache beschrieben. Eine große Anzahl von selbsterklärenden Fotografien und Grafiken begleiten anschaulich die textlichen Beschreibungen.

Das Kapitel „Die Baustelle abwickeln“ ermöglicht die Bearbeitung von Projektaufgaben in Theorie und Praxis.

Alle Kapitel beginnen mit einer Übersichtsseite. Sie informiert über den zu erwartenden Inhalt und soll Interesse wecken. In den Kapiteln sind vielfältige Themenbezüge aus der Erlebenswelt junger Erwachsener zu finden, an denen die fachlichen Aspekte behandelt werden. Durch das Einbeziehen konkreter Aufgabenstellungen wird ein handlungsorientierter Unterricht ermöglicht. Zur Unterstützung des Erlernten dienen die Zusammenfassungen am Ende eines jeden Hauptkapitels.

Die Autoren und der Verlag sind für Hinweise und Verbesserungsvorschläge jederzeit aufgeschlossen und dankbar.

Autoren und Verlag

Inhaltsverzeichnis

Berufe im Gartenbau

Tätigkeiten und Einsatzgebiete

Berufe im Grünen Bereich – ein bunter Strauß von Möglichkeiten.

Grüne Berufe

Nur die Harten kommen in den Garten.

Verhalten beim Kunden

Mit dem richtigen Auftritt zum Superstar.

Fragen und Antworten

Checken, was zu mir passt.

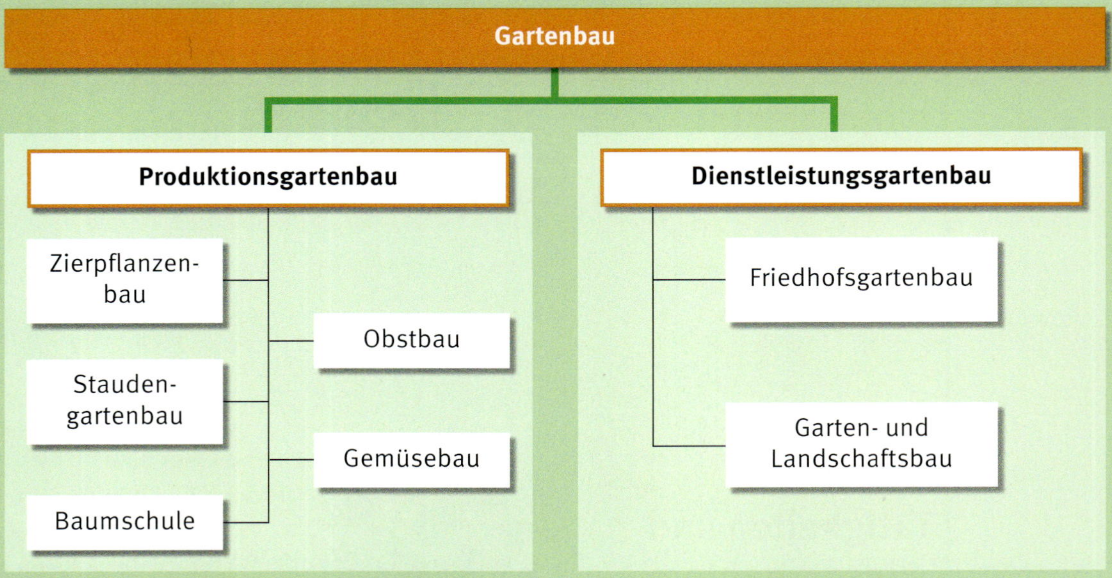

1 **Übersicht der Fachbereiche im Gartenbau**

Tätigkeiten und Einsatzgebiete

Tätigkeiten

Im Gartenbau werden sieben Fachbereiche unterschieden. Alle Fachbereiche verbindet die Arbeit mit und an der Pflanze.

Der Gartenbau wird in den **Produktionsgartenbau** und den **Dienstleistungsgartenbau** unterteilt 1.

Der Gartenbau teilt sich in sieben Fachbereiche aus Produktions- und Dienstleistungsgartenbau.

Zum Produktionsgartenbau gehören Betriebe wie Baumschulen, Gemüsebau, Obstbau, Staudengartenbau und Zierpflanzenbau. Dort werden Pflanzen, Obst oder Gemüse vermehrt und verkauft.
Pflegende Arbeiten an der Pflanze sind die wichtigsten Tätigkeiten in den Betrieben.

Zum Dienstleistungsgartenbau gehören die Fachbereiche Friedhofsgartenbau sowie Garten- und Landschaftsbau.

Zu den wichtigsten Tätigkeiten der Gärtner im Dienstleistungsgartenbau gehört der Dienst am Kunden. Für den Kunden werden Gärten oder Gräber angelegt und gepflegt.

Im Garten müssen Wege erstellt, Carports gebaut, Zäune gezogen und Teiche angelegt werden. Dabei verarbeitet der Gärtner Baustoffe wie Stein, Beton, Holz und Metall.

Außerdem wird das öffentliche Grün der Städte und Kommunen gepflegt.

Gräber werden angelegt und mehrmals im Jahr bepflanzt. Wege zu den Gräbern werden gebaut und in Stand gehalten. Hecken müssen geschnitten und Rasen gemäht werden.

Im Gartenbau gibt es eine große Auswahl von Ausbildungsberufen, Spezialisierungen und Weiterbildungsmöglichkeiten.

2 Pflanzen vermehren, Gräber pflegen, Gärten anlegen

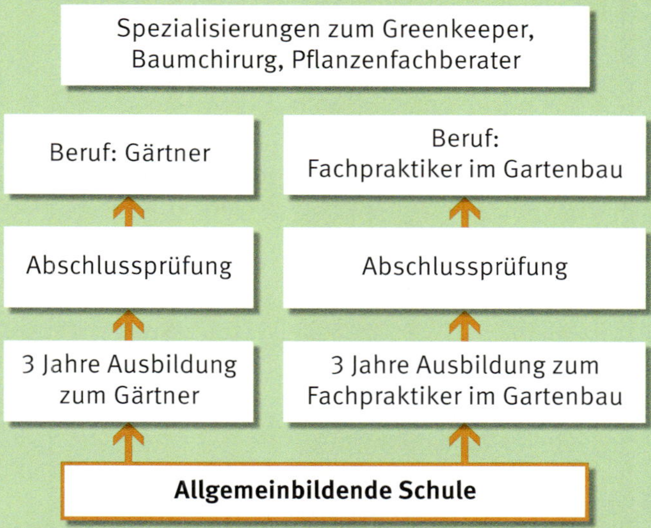

3 Ausbildungswege im Gartenbau

Einsatzgebiete

Gärtner arbeiten in kleinen oder mittelständischen Privatbetrieben oder im öffentlichen Bereich.

Dazu gehören sowohl Betriebe, die ihre produzierten Pflanzen an den Kunden verkaufen, als auch Firmen, die sich mit der Anlage und Pflege von Gärten beschäftigen 2.

Garten- und Landschaftsbauer finden auch Beschäftigung bei Unternehmen wie z. B. Wohnungsbaugesellschaften, wo sie die Pflege der Gartenanlagen übernehmen.

Der öffentliche Dienst beschäftigt Gärtner zur Anlage und Pflege von Grünflächen in Städten und Gemeinden. Das können Parkanlagen, Sportplätze oder Begrünungen an Straßen sein.

Friedhofsgärtner arbeiten entweder direkt für den Kunden oder im Auftrag von Kommunen und Kirchengemeinden.

Ausbildungsberuf Gärtner

Die Ausbildung erfolgt in anerkannten Ausbildungsbetrieben und dauert drei Jahre, an die sich Spezialisierungen anschließen können 3.

Unter besonderen Voraussetzungen ist eine Ausbildung zum **Fachpraktiker im Gartenbau** mit erhöhtem Praxisanteil möglich.

Während der Ausbildungszeit vermittelt der Betrieb die praktischen Inhalte. In der Berufsschule werden die Inhalte theoretisch behandelt. Überbetriebliche Lehrgänge ergänzen oder vertiefen die Ausbildung.

Die Ausbildung endet mit der Prüfung zum Gärtner oder Fachpraktiker im Gartenbau.

Die Prüfung unterteilt sich in einen schriftlichen und einen praktischen Teil. Zum praktischen Teil gehören gärtnerische Tätigkeiten, eine mündliche Kenntnisprüfung und ein Pflanzentest.

Frühling Sommer Herbst Winter

1 Gärtnerische Tätigkeiten im Jahresverlauf

Grüne Berufe

Wer sich für das Berufsbild des Gärtners entscheidet, braucht neben handwerklichem Geschick die Liebe zur Natur.

Einige wichtige Eigenschaften für den Beruf des Gärtners sind:

- Teamfähigkeit in der Zusammenarbeit mit Kollegen,
- Offenheit im Auftreten gegenüber dem Kunden,
- Kreativität bei der Gestaltung von Gärten
- und genaue Umsetzung von Vorgaben.

Der Gärtner gestaltet und pflegt Pflanzungen, Gärten oder Gräber. Außerdem zieht er neue Pflanzen heran, produziert Obst oder Gemüse und verkauft seine Produkte.

! Produzieren, beraten, gestalten und verkaufen machen den Beruf des Gärtners sehr vielseitig.

Die Tätigkeiten des Gärtners finden hauptsächlich im Freien, bei Wind und Wetter statt. Das setzt eine robuste Gesundheit voraus.

! Der Gärtner liebt das Arbeiten an der frischen Luft und er schützt die Natur.

Die Arbeitszeiten sind variabel in Abhängigkeit von den Jahreszeiten und dem Pflanzenwachstum 1.

Einige Arbeiten finden in Gewächshäusern statt.

Der Großteil der gärtnerischen Tätigkeiten ist Handarbeit. Man arbeitet z. B. mit Spaten und Schaufel, Gartenschere, Säge oder Hammer. Die Arbeit setzt nicht nur Kraft, sondern auch Verstand voraus.

Maschinen kommen dann zum Einsatz, wenn Rasen gemäht, Bäume gefällt oder Boden verdichtet werden muss. Dabei stehen umsichtiges Arbeiten und Unfallschutz an erster Stelle.

2 Gestaltung eins Innenhofs

3 Unkrautbeseitigung

Garten- und Landschaftsbau

Der Landschaftsgärtner arbeitet in Hausgärten, renaturiert Flächen, gestaltet Industrieflächen, legt Spielplätze an oder pflegt Grünanlagen. Zu den Grünflächen zählen:

- Pflanzbeete und Verkehrsinseln,
- Hecken und Sträucher sowie
- Rasen.

Gärtner beschäftigen sich auch mit:

- der Erstellung von Wegen und Sitzplätzen 2,
- der Anlage von Parkplätzen,
- dem Bau von Treppen und Zäunen.

Teiche, Kräuterspiralen oder Spielgeräte können einen Garten bereichern.

Damit alles seinen Platz findet, entwickelt der Gärtner einen Plan, bevor er mit den Arbeiten beginnt. Für die Umsetzung benötigt er Fachwissen, Ideen und Vorstellungsvermögen.

Vorhandene Gärten brauchen Pflege, damit sie dauerhaft schön und nutzbar bleiben. Zu den Instandhaltungsarbeiten des Gärtners gehören z. B.:

- das Ausbessern abgesackter Wege,
- die Reinigung befestigter Flächen,
- der Schnitt von Rasen und Hecken und
- die Beseitigung von Unkräutern 3.

Im Herbst muss Laub und im Winter Schnee und Eis beseitigt werden.

AUFGABE

1. Warum ist es wichtig, vor der Neuanlage eines Gartens einen Plan zu erstellen?
2. Erstellen Sie ein Plakat, das die Vielseitigkeit des Garten- und Landschaftsbaus darstellt.
3. Welche der in Aufgabe 2 dargestellten Tätigkeiten interessiert Sie besonders?

1 Verhalten auf der Baustelle

Verhalten beim Kunden

Der Gärtner arbeitet erfolgreich, wenn er seine Arbeit fachkundig erledigt und darüber hinaus den Kontakt zum Kunden pflegt.

Wenn der Gärtner vor Ort beim Kunden arbeitet, ist vieles zu bedenken. An erster Stelle steht sein Verhalten gegenüber dem Kunden, weil er dann im engsten Umfeld des Kunden arbeitet 1.
Dazu gehören:

Erster Eindruck	**Einrichten des Arbeitsplatzes**	**Gespräch mit dem Kunden**
• der Mitarbeiter ist pünktlich, das heißt er ist zur vereinbarten Zeit am Arbeitsort • die Arbeitskleidung ist immer sauber und ordentlich • der Mitarbeiter begrüßt den Kunden offen und freundlich	• sind alle Arbeitsgeräte vorhanden? • vor Arbeitsbeginn das Eigentum des Kunden vor Beschädigung schützen • Verschmutzungen z. B. durch Schutzfolie vermeiden	• den Wunsch des Kunden immer ernst nehmen, geduldig sein • den Kunden während des Gesprächs direkt anschauen • deutlich und in angenehmer Lautstärke sprechen

AUFGABE

1. Proben Sie die Begrüßung des Kunden in einem Rollenspiel. Beurteilen Sie dabei das Auftreten und die Wirkung der anderen Mitspieler.
2. Es gibt einen Unterschied zwischen Arbeitszeit und Freizeit. Zählen Sie Verhaltensweisen aus der Freizeit auf, die den Kunden auf der Baustelle stören könnten.

Wenn der Kunde Kinder hat, ist besondere Aufmerksamkeit geboten.

Scharfes Werkzeug, gefährliche Maschinen und Geräte müssen immer gesichert werden. Dennoch: Eltern haften für ihre Kinder.

Nachbarn könnten sich durch die Arbeiten gestört fühlen. Park- und Lagerplätze sollten daher vor Arbeitsbeginn abgesprochen werden.

Arbeiten mit großem Lärm stoßen auf mehr Verständnis, wenn man sie vorher ankündigt.

Auftreten auf der Baustelle

- der Mitarbeiter ist während seiner Arbeitszeit Teil der Firma und prägt durch sein Verhalten das Bild des Betriebes
- Arbeitgeber und Kunde bestimmen während der Arbeitszeit die Regeln

Aufräumarbeiten

- Abfälle, wie Verpackungen oder Bauschutt, werden vom Mitarbeiter entsorgt
- Aufräumarbeiten sind: Fegen, beschmutzte Bauteile und Geräte säubern
- die Baustelle immer sauber abschließen

Verabschiedung

- der Mitarbeiter verabschiedet sich freundlich
- man erkundigt sich, ob der Kunde mit der Abwicklung des Auftrags zufrieden ist

1 Berufsinformationszentrum

2 Berufsberatung in der Arbeitsagentur

Fragen und Antworten

Wer bildet aus?

Die betriebliche Berufsausbildung wird in Deutschland immer von zwei gleichberechtigten Partnern durchgeführt.

Der Ausbildungsbetrieb ist für die praktische Ausbildung zuständig. Für die theoretischen Inhalte ist die berufliche Schule verantwortlich. Aufgrund dieser Aufteilung bezeichnet man die Form der Berufsausbildung als „**Duales System**".

Gibt es einen Vertrag?

Zwischen dem Ausbildungsbetrieb und dem Auszubildenden wird ein **Ausbildungsvertrag** abgeschlossen. Dieser regelt alle Rechte und Pflichten für beide Seiten.
Ist ein Auszubildender noch nicht 18 Jahre alt, wird der Vertrag von den Erziehungsberechtigten mit unterzeichnet.

Was steht im Ausbildungsvertrag?

Im Ausbildungsvertrag müssen mindestens folgende Angaben stehen:

- Bezeichnung des Ausbildungsberufes,
- Beginn und Ende der Ausbildung,
- Genehmigung durch die Landwirtschaftskammer,
- tägliche Arbeitszeit,
- Vergütung und Urlaub,
- Probezeit und Kündigung.

Was sind die Ausbildungsinhalte?

Die Ausbildungsinhalte sind im Ausbildungsrahmenplan Gärtner für die dreijährige Ausbildung festgelegt.

Die Berufsausbildung im Berufsfeld Gartenbau gliedert sich in Grund- und Fachbildung. Nach einer gemeinsamen Grundbildung werden die Inhalte der Fachbereiche auf die jeweiligen Anforderungen abgestimmt.

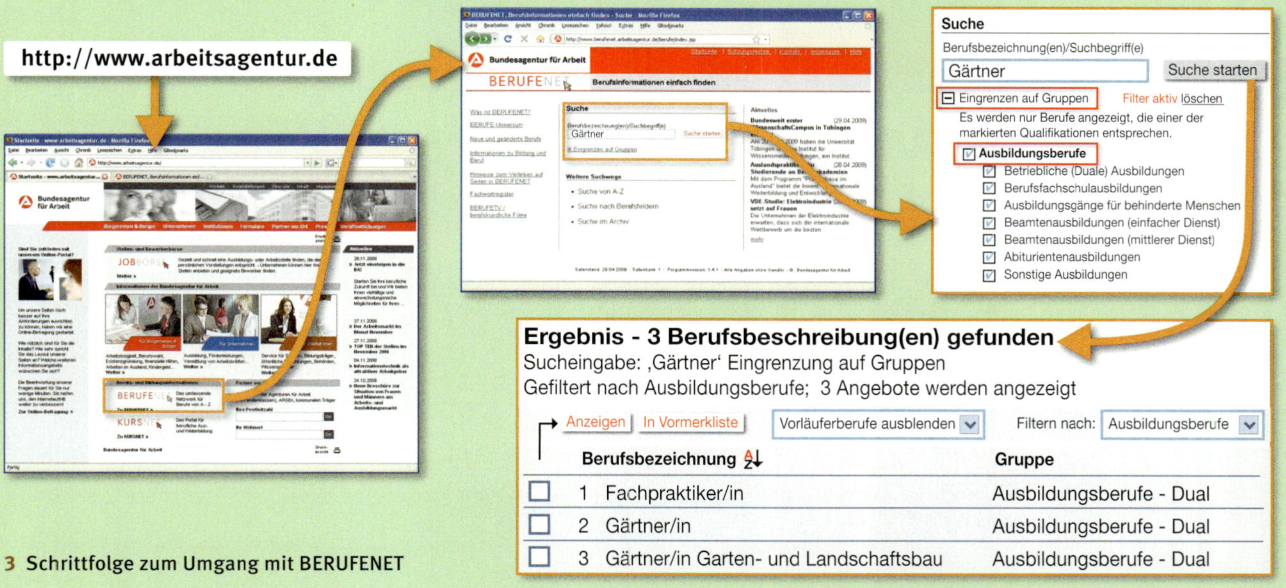

3 Schrittfolge zum Umgang mit BERUFENET

Wo gibt es Informationen?

Das Berufsfeld Gartenbau bietet eine Vielzahl verschiedener Ausbildungsberufe, die alle sehr abwechslungsreich sind.

In den **Berufsinformationszentren** (BIZ) der Bundesagentur für Arbeit kann sich jeder über die verschiedenen Ausbildungsmöglichkeiten und Zugangsvoraussetzungen informieren 1. Das Informationsangebot ist breit gefächert und kostenlos 2.

Wo die Berufsinformationszentren zu finden sind, erfährt man auf der Internetseite: www.arbeitsagentur.de.

In den Landwirtschaftskammern der Bundesländer findet man kompetente Ansprechpartner für eine persönliche Beratung sowie weitergehende Hinweise zum Berufsfeld.

Auch auf den Internetseiten der Landwirtschaftskammern findet man Informationen zu den verschiedenen Fachbereichen.

Was ist BERUFENET?

BERUFENET ist die Datenbank der Bundesagentur für Arbeit, die Berufe und Tätigkeiten beschreibt.

Folgende Informationen sind dort anschaulich dargestellt:

- Ausbildungsinhalte,
- Perspektiven und Alternativen.

Den Link zu „BERUFENET" finden Sie auf der Homepage www.arbeitsagentur.de. Dann beginnt die Berufssuche 3.

AUFGABE

Informieren Sie sich mithilfe von „BERUFENET" über die Zugangsvoraussetzungen, Tätigkeiten und Aufstiegsmöglichkeiten eines Ausbildungsberufes im Berufsfeld Gartenbau.

Beachten Sie die Schrittfolge 3.

ZUSAMMENFASSUNG

Tätigkeiten:
- Produzieren von Pflanzen
- Gestalten von Gärten und Gräbern
- Kunden beraten
- Produkte vermarkten

Einsatzgebiete:

Dienstleistung	• Garten- und Landschaftsbau • Friedhofsgartenbau
Produktion	• Baumschule • Obstbau • Gemüsebau • Staudengartenbau • Blumen- und Zierpflanzenbau

Ausbildungswege im Gartenbau

Beruf: Gärtner

Beruf: Fachpraktiker im Gartenbau

Weiterbildungsmöglichkeiten:
- Greenkeeper
- Baumchirurg
- Pflanzenfachberater

Mit Pflanzen arbeiten

1

1.1 Pflanzungen neu anlegen

„Gewusst wie“, Gärten gestalten.

1.2 Beete gestalten

Jetzt wird’s bunt.

1.3 Rasenaussaat vorbereiten

„Rasen“ erlaubt.

1.4 Pflanzungen pflegen

Step by step zum richtigen Look.

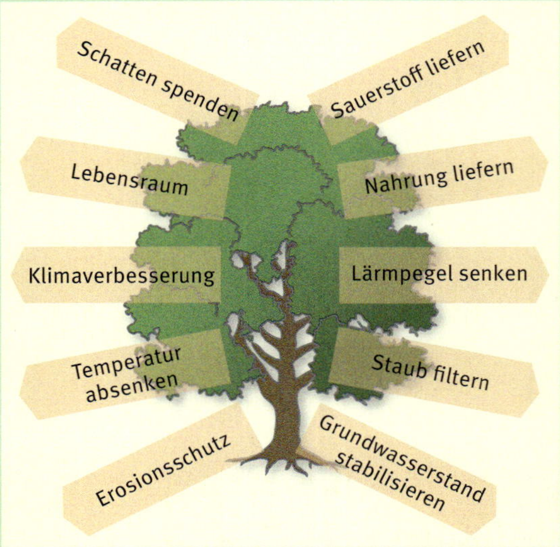

1 Einflüsse von Pflanzen auf die Umwelt

2 Bepflanzter Vorgarten

1.1 Pflanzungen neu anlegen

Eine Aufgabe des Gärtners ist es, Städte, Dörfer und Landschaften zu gestalten.

Durch die Pflanzung von Bäumen, Sträuchern, blühenden Stauden und Sommerblumen wird der Garten zum grünen Raum.

Bodendecker und Rasen färben Flächen grün und verhindern das Wachsen von Unkräutern.

Mit unterschiedlichen Pflanzungen trägt der Gärtner nachhaltig zum Umweltschutz bei 1.

Blühende Pflanzen bringen durch unterschiedliche Blütezeiten und bunte Farben Abwechslung in das oftmals triste Grau der Städte.

Für Freizeit und Erholung sollen gärtnerische Flächen nicht nur ansprechend, sondern auch benutzbar sein. Rasenflächen, z. B. in Parks sind ideal für Aktivitäten im Grünen.

Pflanzflächen können nach persönlichen Vorstellungen und Ideen gestaltet werden. Sie geben jedem Garten ein eigenes Gesicht 2.

Hecken schützen als grüne Mauern vor unerwünschten Einblicken. Sie schaffen kleine Oasen der Ruhe in einer sonst hektischen Welt.

Im eigenen Garten kann die Arbeit und Pflege der Pflanzen körperliche Betätigung und ein Ausgleich zum Beruf sein.

Wild wachsende Pflanzen stören häufig den Gesamteindruck einer Fläche. Diese nennt man Unkräuter. Sie stehen mit den gewünschten Pflanzen in Konkurrenz.

Zur Arbeitserleichterung ist besondere Aufmerksamkeit auf Planung und Pflege des Gartens zu legen.

Die Pflanzung von Bäumen, Sträuchern, Hecken und Stauden schafft Lebensräume und steigert die Lebensqualität.

3 **Bäume im Größenvergleich mit einem Einfamilienhaus**

Bäume auswählen

Bevor ein Baum gepflanzt wird, muss ein passender ausgewählt werden.

Der Baum wird dem Standort entsprechend ausgewählt. Die Auswahl wird dabei bestimmt durch:

- die Bodenart,
- den Säuregehalt des Bodens,
- die Wasser- und Nährstoffversorgung,
- den Platzbedarf des ausgewachsenen Baums 3,
- den Lichtbedarf des Baums.

Bäume immer mit ausreichend Platz pflanzen, damit sie sich artgerecht entwickeln können.

Der Kauf eines Baums ist eine langfristige und oft teure Anschaffung. Der Auswahl sind dabei kaum Grenzen gesetzt. Sie richtet sich nach der Größe und dem Stil des Gartens sowie nach den finanziellen Möglichkeiten.

Kriterien für die gestalterische Auswahl sind:

- Formen wie Kugeln, Säulen oder Schirme,
- Blattfarben wie grün, rot, weiß-grün oder gelb-grün,
- Blüten in verschiedenen Farben und Formen,
- Früchte auffallend und zum Teil essbar,
- Rinden in Farben und Strukturen.

Ideale Pflanzzeiten sind März/April und September/Oktober, denn in dieser Zeit befinden sich die Bäume in der **Ruhephase**.

AUFGABE

Herr Schmitz will einen Baum in seinen Vorgarten pflanzen.

1. Zu welcher Baumgröße raten Sie ihm?

2. Wählen Sie mithilfe eines Pflanzenkatalogs fünf geeignete Bäume aus und vergleichen Sie die gestalterischen Werte in einer Tabelle.

1 Unterscheidung Ober- und Unterboden

2 Kronenschnitt in Form einer Pyramide

Pflanzung vorbereiten

Bäume können mit Erdballen (Ballenware) oder mit nackten Wurzeln (Wurzelware) geliefert werden:

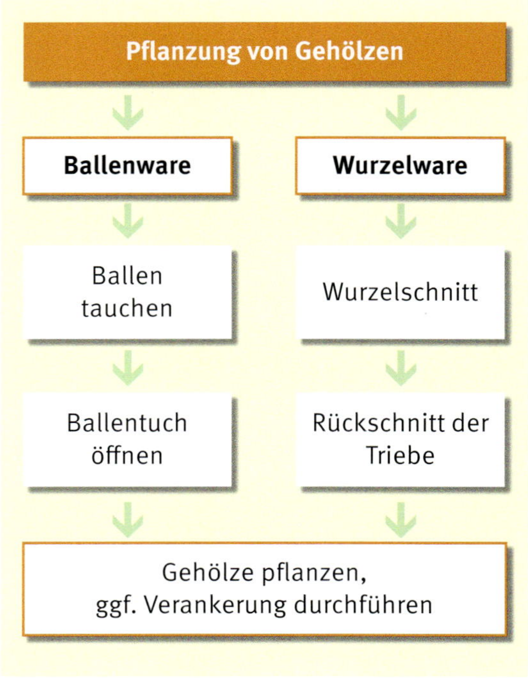

Für die Pflanzung wird ein Loch ausgehoben, das ca. zweimal so tief und breit ist wie die Wurzeln. Dabei muss der **Oberboden** vom **Unterboden** getrennt gelagert werden 1.

Durch das Einarbeiten von Sand verbessert man zu festen Boden. Wird dem Boden z. B. Tonmehl oder Kompost zugefügt, kann er Wasser und Nährstoffe besser speichern.

Damit die empfindlichen Wurzelhaare nicht verletzt werden, muss der Baum vor Windbewegungen geschützt werden. Dazu wird bei der Pflanzung ein Baumpfahl in Hauptwindrichtung eingeschlagen und der Baum daran befestigt.

Die feinen Wurzelhaare versorgen die Pflanze mit Wasser und Nährstoffen. Sie dürfen nicht beschädigt werden.

Wenn eine Wurzel durch Schnitt verkleinert wird, ist auch ein Kronenschnitt notwendig, damit die Krone ausreichend mit Wasser und Nährstoffen versorgt werden kann 2.

3 Arbeitsablauf bei der Baumbindung

Bäume pflanzen

Der an Krone und Wurzel beschnittene Baum ist pflanzfertig. Bei der Pflanzung ist eine ganz bestimmte Reihenfolge der Arbeitsschritte wichtig.

Wurzeln mit dem Aushub, getrennt nach Ober- und Unterboden, einrütteln. Anschließend fest antreten.

Pfahl neben dem Baum einschlagen. Baum handbreit anbinden 3. Bindung am Baum 10 cm höher als am Pfahl befestigen.

Gießrand formen und wässern, damit sich die Hohlräume schließen. Das erleichtert dem Baum die Aufnahme von Wasser und Nährstoffen.

AUFGABE

1. Herr Schmitz beobachtet Sie bei der Baumpflanzung. Nennen Sie ihm die einzelnen Arbeitsschritte für eine fachgerechte Pflanzung.
2. Er stellt Ihnen dabei folgende Fragen: a) Warum muss der Pfahl eingeschlagen werden?

   b) Warum müssen Wurzeln und Krone eingekürzt werden?

   c) Warum ist das Anwässern des Baumes zwingend notwendig?

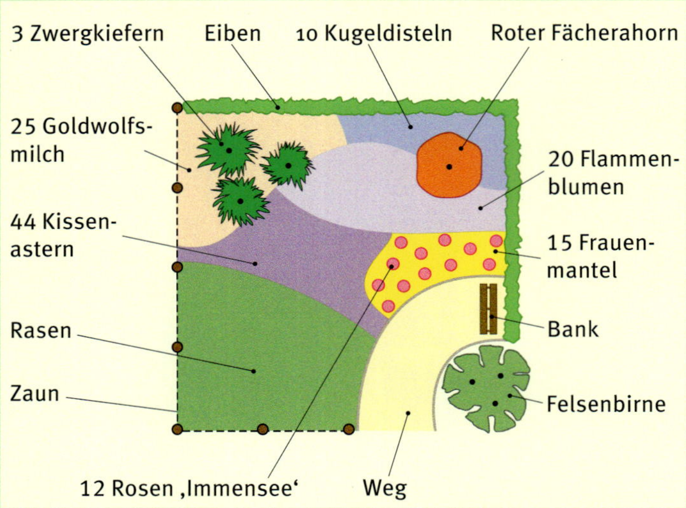

1 Pflanzplan

Begründen Sie, warum bei der Planung und Pflanzung eines Beets die Entwicklung der verschiedenen Pflanzen berücksichtigt werden muss.

1.2 Beete gestalten

Ein gestaltetes Beet wirkt in seiner Gesamtheit. Deshalb müssen alle Pflanzen aufeinander abgestimmt werden.

Um sich die Wirkung eines Beets besser vorstellen zu können, wird ein **Pflanzplan** angefertigt 1. Darauf sieht man, welche Arten von Pflanzen, wie viele und wo sie auf dem Beet platziert werden sollen.

Ebenfalls wichtig für die richtige Auswahl der Pflanzen sind die Berücksichtigung der Bodenverhältnisse und die Sonneneinstrahlung sowie die jahreszeitliche Abstimmung der Pflanzen untereinander.

Beim Anlegen eines Beets müssen zuerst die großen Bäume und **Solitärsträucher** vor den kleineren Gehölzen gepflanzt werden. Zum Schluss werden Bodendecker, Stauden und Sommerblumen gepflanzt und Blumenzwiebeln gesetzt.

Bei Planung und Durchführung der Pflanzung werden folgende Punkte berücksichtigt:

- dass Pflanzen ausreichend Wurzelraum haben,
- dass sie eine typische Wuchsform entwickeln,
- dass bodendeckende Pflanzen einen geschlossenen Pflanzenteppich bilden und
- dass starkwüchsige Pflanzen schwach wachsende auf Dauer verdrängen können.

Jede Pflanze entwickelt sich ihrer Art entsprechend. Dies muss bei der Planung und Pflanzung berücksichtigt werden.

AUFGABE

1. Listen Sie auf, welche Boden- und Lichtverhältnisse Ihnen bekannt sind.
2. Welchen Einfluss haben die in Aufgabe 1 genannten Verhältnisse auf die Pflanze?

Tab. 1: Pflanzabstand von Sträuchern

Wuchshöhe	Pflanzabstand
125–300 cm	70–100 cm
80–125 cm	50–75 cm
unter 50 cm	35–50 cm
Bodendecker	4–8 Pfl./m^2

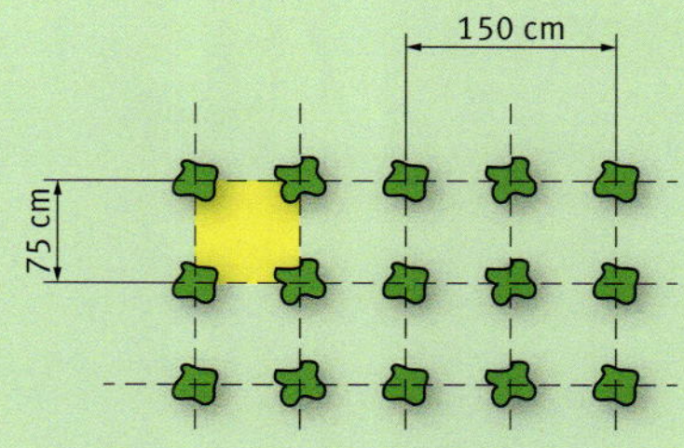

2 **Vierecksverband**

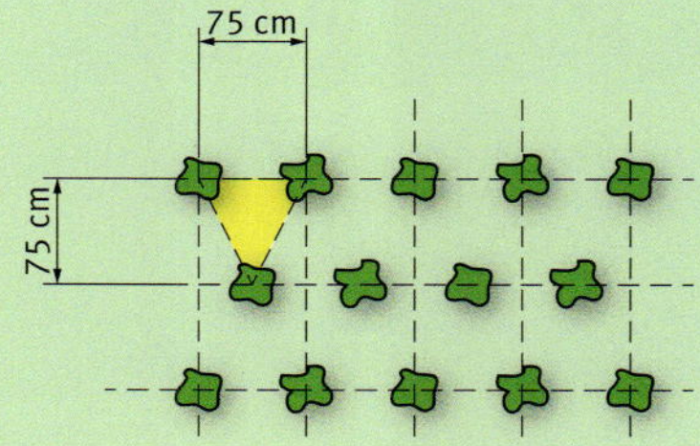

3 **Dreiecksverband**

Mengen bestimmen

Damit das Beet einen ansprechenden Gesamteindruck vermittelt, muss u. a. der richtige Pflanzabstand beachtet werden. In Katalogen ist der Pflanzenbedarf pro m^2 angegeben.

Der Pflanzenbedarf ist das Ergebnis aus dem Wachstum der Pflanze und der besten Wirkung der Pflanzen.

Der richtig gewählte Pflanzabstand ermöglicht:

- den Pflanzen ausreichend Platz zum Wachsen,
- die Bildung einer geschlossenen Pflanzendecke nach zwei Jahren und
- die bestmögliche Wirkung.

Bei der Planung eines Beets legt die vorhandene Größe der Fläche die Anzahl der Pflanzen fest. Beim Einpflanzen verteilt man die Pflanzen entsprechend den Vorgaben im Pflanzplan oder den üblichen Pflanzabständen (Tab. 1).

Die flächige Anordnung der Pflanzen nennt man Pflanzverband. Dabei unterscheidet man zwei unterschiedliche Formen:

- Vierecksverband und
- Dreiecksverband.

Beim Vierecksverband wird die Beetfläche in ein Gitternetz unterteilt und jeweils eine Pflanze auf die Ecken dieses Gitternetzes gepflanzt 2.

Beim Dreiecksverband sitzen die Pflanzen jeweils in der Lücke zwischen den zwei Pflanzen der vorangehenden Reihe 3.

AUFGABE

Ein rechteckiges Beet ist 3 m lang und 1,5 m breit. Es soll zur Hälfte mit Kissenaster (8 Pflanzen/m^2) und Frauenmantel (5 Pflanzen/m^2) bepflanzt werden. Wie viele Pflanzen werden benötigt und wie groß ist der Pflanzabstand?

1 Beet im Frühling und Sommer

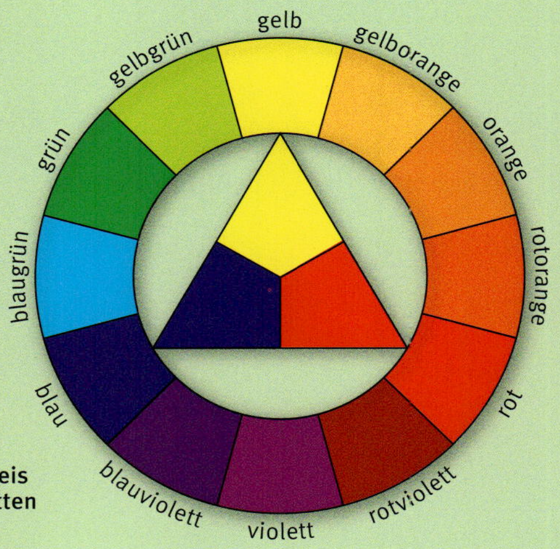

2 Farbkreis nach Itten

+ Wählen Sie für ein Beet fünf verschiedene Pflanzen aus, sodass das Beet durchgehend von April bis September blüht.

Farben auswählen

Beete wirken durch die Vielfalt an Blütenfarben und Wuchsformen. Bei der Auswahl wird daher Folgendes berücksichtigt:

- Blühzeiten,
- aufeinander abgestimmte Blütenfarben und
- unterschiedliche Wuchshöhen.

Die Wachstumszeit der Pflanzen erstreckt sich vom Frühjahr bis zum späten Herbst. Stimmt man die unterschiedlichen Blühzeiten aufeinander ab, wirkt das Beet zu jeder Jahreszeit anders 1.

Auch die Blütenfarben eines Beets werden aufeinander abgestimmt. Wählt man z. B. Rot als Hauptfarbe, werden alle Pflanzen in verschiedenen Rottönen ausgewählt.

Dunkle Beetecken leuchten durch helle Blüten in Rosa-, Weiß- und Gelbtönen oder durch Pflanzen mit zweifarbigen Blättern in Grün-Weiß oder Gelb-Grün.

Einen weiteren Farbeffekt erzielt man, wenn die Blüten in gegensätzlichen Farbtönen, den **Komplementärfarben**, ausgewählt werden. Das sind die Farben, die einander im Farbkreis gegenüber liegen und sich in ihrer Farbwirkung unterstützen, z. B. Gelb und Violett 2.

Farben, die nebeneinander auf dem Farbkreis stehen, bilden einen Farbverlauf. Solche Farbabstufungen wirken stets harmonisch.

Schöne Wirkungen erzielt man mit Pflanzen, deren Blütenfarben einen Farbverlauf bilden oder Komplementärfarben sind.

AUFGABE

1. Wählen Sie drei Pflanzen aus, deren Blüten einen Farbverlauf bilden bzw. Komplementärfarben sind.
2. Erklären Sie den Satz „Pflanzen blühen Ton in Ton“.
3. Nennen Sie drei Pflanzen mit zweifarbigen Blättern mit deutschem und botanischem Namen.

3 Korkenzieherhaselnuss

4 Streifenahorn

+ Gestalten Sie ein Beet nach Ihren Wünschen. Zeichnen Sie auf eine DIN A4 Seite einen Pflanzplan für ein Beet und berücksichtigen Sie dabei die verschiedenen Blühzeiten, -farben und Wuchsformen.

Mit Formen gestalten

Ein Beet wird lebendiger, wenn man bei der Gestaltung unterschiedliche Wuchshöhen und -formen berücksichtigt.

Setzt man Pflanzen unterschiedlicher Höhe nebeneinander, bekommt das Beet Tiefe. Man kombiniert deshalb niedrige mit höheren Stauden oder mit Gehölzen. Außerdem wird die Farbwirkung unterstützt.

Einige Pflanzen heben sich besonders durch ihre Wuchsform hervor. Hierzu zählen die säulenförmig wachsenden Gehölze wie die Säuleneibe oder die kegelförmige Scheinzypresse.

Immergrüne Gehölze wirken besonders gut im Winter, wenn die meisten Pflanzen weder Blüten noch Blätter haben.

Gräser sehen auch attraktiv aus, wenn Halme und Fruchtstände über Winter stehen bleiben.

Pflanzen wie die Korkenzieherhaselnuss bestechen durch ihre verdrehten Triebe 3. Der Streifenahorn hat eine auffallend gefärbte Rinde 4.

! Pflanzen wirken durch ihre Farben, Höhen und Formen oder durch interessante Oberflächen.

Die Kombination aus unterschiedlichen Blühzeiten, Blütenfarben, Wuchsformen und anderen auffälligen Merkmalen macht ein Beet erst attraktiv.

AUFGABE

1. Wählen Sie drei Pflanzen aus, die sich durch eine besondere Wuchsform oder auffallende Rinde auszeichnen.
2. Warum wirkt ein Beet interessanter, wenn Pflanzen mit unterschiedlicher Wuchsform gepflanzt werden?

1 Verteilung der Stauden nach Höhen

2 Wechselbepflanzung

Stauden unterscheiden

Stauden werden unterschieden in **leitende** und **begleitende** Pflanzen. Die **Leitstauden** wachsen höher und eindrucksvoller, weshalb sie oft einzeln oder maximal zu zweit gepflanzt werden.

Die **Begleitstauden** haben verschiedene Aufgaben. Halbhohe Stauden unterstützen die Leitstauden in ihrer Wirkung. Niedrige füllen freie Pflanzflächen auf 1.

Wie viele Stauden gebraucht werden, hängt von den Wuchshöhen und Wuchsbreiten ab. Daraus ergibt sich der Pflanzabstand (Tab. 1).

Tab. 1: Pflanzabstand von Stauden

Wuchshöhe	Pflanzabstand
> 60 cm	60–80 cm
30–60 cm	20–30 cm
bis 30 cm	12–20 Pfl./m^2
Einfassungen	6–10 Pfl./m

Andere, nicht verholzende Pflanzen sind Sommerblumen, die mit dem Eintreten des Frosts absterben.

Sie werden entsprechend der Jahreszeit gepflanzt und wachsen nur für wenige Wochen auf dem Beet. Man spricht deshalb von einer **Wechselbepflanzung**, weil die Pflanzungen zum Frühjahr, Sommer und Herbst regelmäßig ausgetauscht werden 2.

Für eine ansprechende Wirkung ist eine hohe Pflanzdichte notwendig. Diese Pflanzungen sind sehr pflegeintensiv. Neben dem Wässern müssen abgestorbene Pflanzenteile und Wildkräuter regelmäßig entfernt werden.

AUFGABE

1. Nennen Sie fünf Leitstauden mit deutschem und botanischem Namen.
2. Listen Sie tabellarisch jeweils drei Sommerblumen für Frühjahr-, Sommer- und Herbstpflanzung auf.

1. **Pflanze in handwarmes Wasser tauchen.**
2. **Durch vorsichtiges Drehen aus dem Topf lösen.**
3. **Ballen mit den Händen aufreißen.**
4. **Pflanzloch auf Ballengröße ausheben und Pflanze einsetzen.**
5. **Boden andrücken und Pflanze wässern.**

3 Arbeitsschritte bei der Staudenpflanzung

Stauden pflanzen

Bevor die Stauden gepflanzt werden, taucht man die Töpfe in Wasser, bis keine Luftblasen mehr aufsteigen. Durch vorsichtiges Drehen lässt sich danach der Topf vom Ballen lösen.

! Beim Entfernen des Topfes darauf achten, dass Laub und Spross nicht von den Wurzeln abgerissen werden.

Den Wurzelballen mit den Händen leicht aufreißen, das fördert später das Anwachsen.

Das Pflanzloch so groß ausheben, dass der Ballen gerade hineinpasst. Abschließend den Ballen mit dem Erdreich andrücken.

Sind alle Stauden gepflanzt, werden die Fußspuren auf dem Beet mit einer Harke gelockert.

Nach der Pflanzung muss noch einmal gründlich gewässert werden, damit die Stauden beim Anwachsen ausreichend Feuchtigkeit haben.

Eine besondere Form der Stauden sind die Blumenzwiebeln und -knollen. Sie werden zum Schluss in den Boden gesteckt, wenn alle Gehölze, Stauden und Sommerblumen gepflanzt sind. Dafür verwendet man ein Setzholz.

! Blumenzwiebeln und -knollen setzt man zweimal so tief in die Erde, wie das Maß ihrer dicksten Ausbuchtung ist.

Auf dem Beet entsteht ein natürlicher Gesamteindruck, wenn man die Zwiebeln zur Pflanzung in kleinen Gruppen vor sich auf den Boden wirft.

AUFGABE

1. Finden Sie zu jedem Arbeitsschritt aus Bild 3 eine Begründung. Stellen Sie Ihr Ergebnis in einer Tabelle dar.
2. Benennen Sie 10 Blumenzwiebel- oder -knollenpflanzen mit deutschem und botanischem Namen.

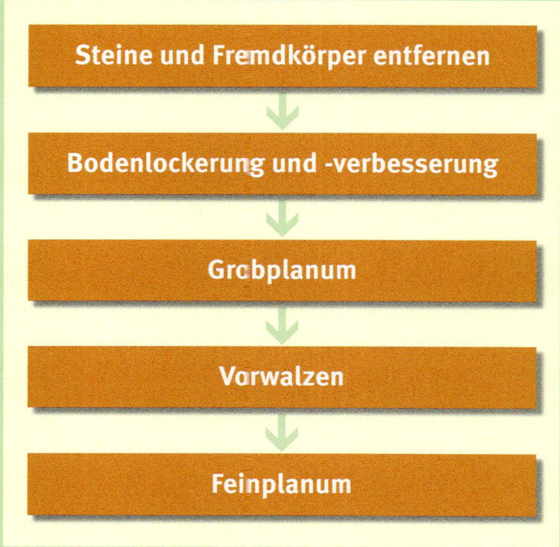

1 Arbeitsablauf der Bodenvorbereitung

2 Geräte zur Bodenvorbereitung

1.3 Rasen säen

„Wie man sich bettet, so liegt man.“ Dieses alte Sprichwort gilt auch für die Raseneinsaat.

Voraussetzung dafür ist, dass der Samen auf ein feinkrümeliges Saatbett trifft, frei von Steinen und Unkräutern.

Damit eine dichte grüne Rasenfläche entstehen kann, muss der Boden gut vorbereitet werden 1. Dazu gehört:

- ein feinkrümeliges Saatbett,
- ein ebener Untergrund,
- ein durchlässiger Boden,
- eine unkraut- und steinfreie Fläche.

Schwerer Boden wird durch Einarbeiten von Sand luftiger gemacht, damit Wasser abfließen kann.

! Schwerer Boden lässt sich in der Hand zu einer Wurst formen. Leichter Boden haftet nicht und fühlt sich sandig an.

Um eine gute Versorgung mit Nährstoffen sicherzustellen, ist grundsätzlich das Düngen mit **organischem** oder **mineralischem Dünger** empfehlenswert.

Organische Dünger, wie z. B. **Kompost** oder **Rindenhumus**, haben den Vorteil, dass sie den Boden verbessern und das Bodenleben fördern.

Die Bodenbearbeitung kann grundsätzlich je nach Größe der Fläche mit Spaten oder Bodenfräse erfolgen 2.

Durch die Bodenlockerung gelangt der für die Atmung der Wurzeln notwendige Sauerstoff in den Boden.

Mit der Einebnung der Fläche (**Grobplanum**) wird der Boden gelockert, Sand und Dünger eingearbeitet.

Geschwungene Flächenformen sind schön anzusehen. Eine einfache Formgebung erleichtert allerdings das Kantenschneiden.

Tab. 1: Rasentypen

Ausgewählte Rasentypen	Anwendungsbereich	Eigenschaften	Belastbarkeit	Pflege
Zierrasen	typischer „Englischer Rasen" Vorgärten, Vorzeigerasen; nicht zur Nutzung gedacht	dicht, teppichartig, feinblättrig, sattes Grün	gering	hoch bis sehr hoch
Gebrauchsrasen	„Alleskönner" Hausgärten, Liegewiesen, öffentliches Grün	widerstandsfähig, trittfest, attraktive, breitblättrige Narbe	mittel bis hoch	mittel bis hoch
Landschaftsrasen	ungenutzte Flächen an Verkehrswegen, in der Landschaft, wiesenähnliche Flächen	robust, oft mit Blumen und Kräutern gemischt	gering	gering

Feinplanum erstellen

Es ist von Vorteil, wenn das Grobplanum zwei bis drei Wochen liegen bleibt. In dieser Zeit setzt sich der Boden allein durch sein Eigengewicht und die Niederschläge.

Störende Unkräuter, die währenddessen aufgelaufen sind, können leicht entfernt werden.

Alternativ kann die Fläche nach der Bodenlockerung mit einer Walze rückverdichtet werden, um Senken zu vermeiden.

Das ebenflächige Abziehen des Bodens kann mit verschiedenen Handgeräten oder mit der Maschine durchgeführt werden. Das Ergebnis nennt man **Feinplanum**.

! Beim Feinplanum sind Abweichungen in der Höhe von 3 cm nach oben und unten maximal zulässig.

Zum Überprüfen des Höhenunterschieds verwendet man eine Alulatte.

Rasentyp auswählen

Je nach Nutzungswunsch kommen verschiedene **Rasentypen** zum Einsatz (Tab. 1).
Um den geeigneten Typ auszuwählen, sind folgende Punkte wichtig:

- vorhandener Standort,
- gewünschtes Aussehen,
- beabsichtigte Nutzung,
- maximaler Pflegeaufwand.

Für jeden Verwendungszweck gibt es spezielle Gräsermischungen. Diese nennt man auch **Regelsaatgutmischungen** (RSM).

AUFGABE

1. Nennen und begründen Sie die einzelnen Arbeitsschritte der Bodenbearbeitung.
2. Familie Grün mit zwei Kindern und Haushund wünscht sich eine Rasenfläche. Wählen Sie aus der Tabelle den passenden Rasentyp aus.

1 Ablauf der Raseneinsaat

Rasen von Hand aussäen

Bei der Rasenaussaat von Hand ist die gleichmäßige Verteilung des Saatguts sehr wichtig.

Optimale Bedingungen für das Aussäen des Rasens herrschen, wenn der Boden ausreichend warm (mindestens 8 °C) und dauerhaft feucht ist. Ideale Jahreszeiten sind Frühjahr und Herbst. Pro m^2 Fläche werden ca. 25 g Saatgut benötigt.

Ein Kastenstreuer garantiert die richtige Aussaatmenge und übernimmt die gleichmäßige Verteilung des Rasensamens.

Rasenflächen werden meistens durch Terrassen, Wege oder Beete begrenzt. Damit sie gemäht werden können, muss die Fläche entweder in gleicher Höhe oder maximal 2 cm unterhalb der Begrenzung enden.

Begrenzungen können Rasenkanten aus Metall, Stein oder Kunststoff sein.

Zur Aussaat wird die benötigte Samenmenge halbiert und zweifach auf die Fläche ausgebracht. Zum Schutz vor Austrocknung, Windverwehung und Vogelfraß wird die Aussaat mit der Harke flach eingearbeitet 1.

Da Rasensamen Licht zur Keimung benötigen, dürfen die Samen nicht tiefer als 1–2 cm in den Boden gelangen.

Das Abwalzen sorgt für den Bodenschluss. Durch den direkten Bodenkontakt können die Samen dauerhaft Feuchtigkeit erhalten. Mit dem Wasser quellen die Samen und die Keimung startet.

AUFGABE

1. Füllen Sie Ihre Hand mit Rasensamen und wiegen Sie diese Menge ab. Dann haben Sie eine Faustzahl für die Menge.
2. Die zukünftige Rasenfläche ist 20 m x 28 m groß. Berechnen Sie die notwendige Saatgutmenge.

2 Rasenbaumaschine

3 Fehlerhafte Rasenansaat

+

Herr Grün berichtet Ihnen von seinem gescheiterten Versuch, selbst Rasen auszusäen. Die Keimung war schlecht, die Rasenfläche ist lückig und mit Unkräutern besetzt 3 . Überlegen Sie, was Herr Grün falsch gemacht haben könnte, und geben Sie ihm Tipps, was er beim nächsten Mal besser machen kann.

Rasen maschinell aussäen

Die Rasenbaumaschine erleichtert dem Gärtner die Rasenaussaat 2 . Sie fasst verschiedene Arbeitsschritte in einem Arbeitsgang zusammen:

- Vorwalzen,
- Aussäen,
- Einigeln,
- Walzen.

Bei der Rasenaussaat gilt: Mit dem ersten Wässern der Fläche startet die Keimung. Das heißt, dass die Rasenfläche in den folgenden sechs bis acht Wochen nicht betreten werden darf.

Bis zum Sichtbarwerden der ersten Keimlinge vergehen je nach Temperatur 2 bis 4 Wochen. In dieser Zeit muss der Boden feucht gehalten werden und darf nicht austrocknen.

Bei einer Halmlänge von circa 10 cm schneidet man sie das erste Mal. So verzweigen sich die Pflanzen und man erhält eine dichte Grasnarbe.

Bis eine grüne Rasenfläche entstanden ist, mäht man den Rasen circa sechs Mal.

Soll die Rasenfläche in kurzer Zeit benutzbar sein, wird Rollrasen verwendet. Die Rasenfläche muss bis zum Einwachsen nur zweimal gemäht werden.

AUFGABE

1. Nennen Sie die vier wichtigsten Bedingungen zur Keimung der Rasensamen.
2. Beschreiben Sie alle im Text aufgeführten Möglichkeiten der Aussaat.
3. Zur gleichmäßigen Keimung ist für die ersten sechs Wochen eine wöchentliche Bewässerung von 20 l pro m^2 Fläche vorgesehen.
   Wie viel Liter bzw. m^3 Wasser werden für die wöchentliche Wassergabe und insgesamt gebraucht?

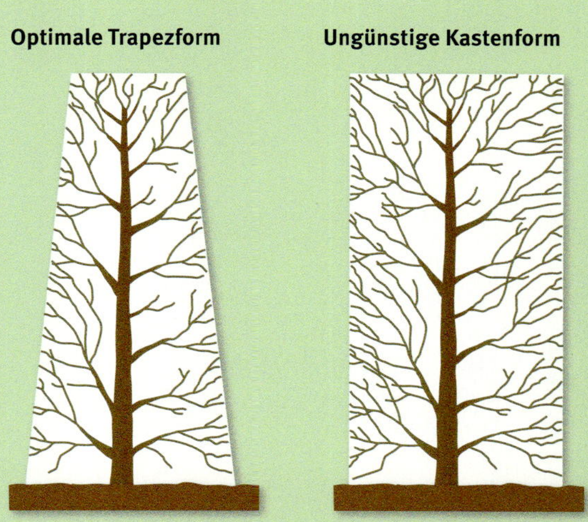

1 Heckenschnittformen

2 Umgang mit der Motorheckenschere

1.4 Pflanzungen pflegen

Hecken schneiden

Hecken dienen als grüne Mauern zur Abgrenzung von Flächen. Durch den Schnitt werden sie schmal gehalten und in der Höhe begrenzt.

Ideale Zeiten für den Schnitt sind Februar und Juni. Die meisten Hecken können im Winter stark zurückgeschnitten werden.

Im Frühsommer schneidet man die neu gebildeten Äste, den sogenannten Neuzuwachs, auf die Grundhöhe zurück, damit die Hecke dicht wird.

Je nach Wuchskraft der Pflanzen ist der Jahreszuwachs unterschiedlich stark. Baumartige Laubgehölze wie z. B. die Hainbuche sind stark wachsend. Sie haben einen Jahreszuwachs von mehr als 50 cm und sind deshalb nur für hohe Hecken geeignet.

Eine Hecke kann kastenförmig oder trapezförmig geschnitten werden 1. Die Trapezform hat verschiedene Vorteile:

- Licht von allen Seiten,
- gleichmäßiger Austrieb,
- dichte Verzweigung auch von unten.

Um eine dichte Hecke zu erhalten, schneidet man die Hecke jährlich. Viele Gehölze, insbesondere Scheinzypresse und Lebensbaum, vertragen nur einen mäßigen Rückschnitt.

Damit der Schnitt gleichmäßig wird, spannt man zur Orientierung eine Schnur.

Die Gleichmäßigkeit des Schnitts sollte regelmäßig aus einigen Schritten Entfernung überprüft werden. Geschnitten wird in einem Bogen von unten nach oben und in Laufrichtung 2.

! Erst schneidet man die beiden Ansichtsseiten, dann die Oberseite der Hecke.

Kopf	Körper	Füße
Helm, Visier, Gehörschutz	Handschuhe, eng anliegende Kleidung	Sicherheitsschuhe mit Stahlkappe

3 Körperschutz beim Umgang mit der Heckenschere

Heckenscheren sicher verwenden

Für kleine Flächen reicht die Handheckenschere. Bei längeren Hecken im Hausgarten verwendet man meist eine elektrische Heckenschere. Für ihren Einsatz ist Stromversorgung nötig (Tab. 1).

Wenn man Hecken unabhängig von der Stromversorgung in Parks oder an Straßen schneidet, arbeitet man mit der Motorheckenschere. Sie schneidet auch dickere Äste.

Tab. 1: Übersicht Heckenscheren

Handheckenschere	
Elektroheckenschere	
Motorheckenschere	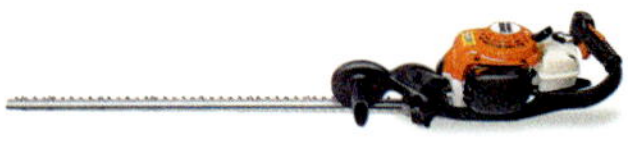

Durch konzentriertes Arbeiten und Beachtung der Unfallverhütungsvorschriften werden folgende Verletzungen verhindert 3:

- schwere Schnittverletzungen,
- Verletzungen der Augen durch Dornen und Zweige,
- Verbrennungen durch heiße Maschinenteile.

! Zur Vermeidung von Verletzungen müssen die Hinweise auf der Maschine und in der Bedienungsanleitung befolgt werden.

AUFGABE

1. Erklären Sie den Einfluss der Heckenform auf das spätere Wachstum der Hecke.

2. Sie sollen eine 35 m lange Buchenhecke von 3 m auf 2 m herunterschneiden. Sie brauchen für 5 m Hecke eine Stunde, wie lange brauchen Sie, um die gesamte Hecke zu schneiden?

Unfälle vermeiden

Neben dem Körperschutz ist im Umgang mit motorgetriebenen Scheren Folgendes zu beachten:

Sicherer Stand auf festem Boden oder einem Gerüst.

Scheren mit Verbrennungsmotor beim Starten auf dem Boden abstützen.

Zwei Meter Sicherheitsabstand zu anderen Personen einhalten.

Schere immer mit beiden Händen bedienen.

Elektroschere nur bei Trockenheit einsetzen. Kabel sorgfältig führen.

Zweihandschaltung und Sicherheitsschneideinrichtung verwenden.

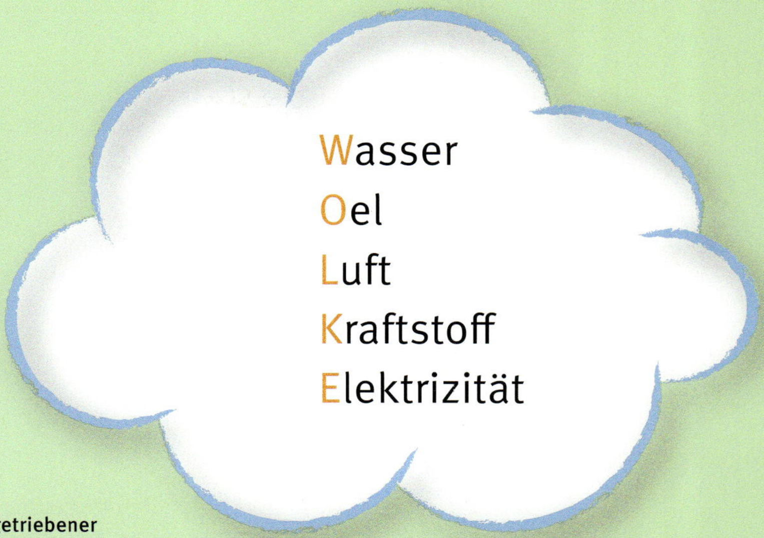

1 Wartung motorgetriebener Maschinen (WOLKE)

Schnittwerkzeuge pflegen

Scheren aller Art müssen regelmäßig gepflegt und gewartet werden. Nach jedem Einsatz wird das Scherenblatt gereinigt.

Dabei ist grundsätzlich zu beachten:

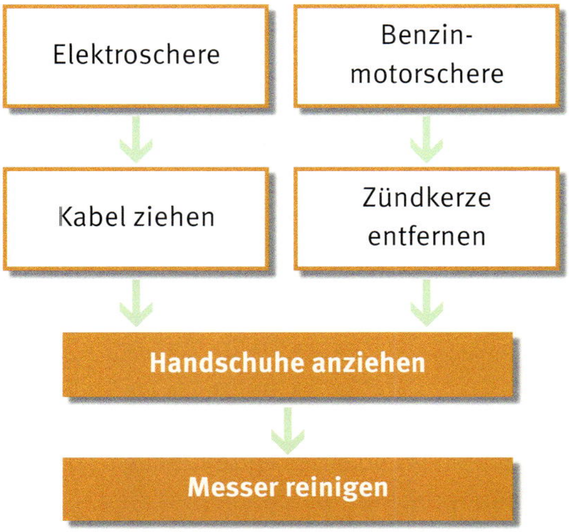

Handscheren schärft man mit einem Schleifstein, Motorgeräte dagegen schärft der Fachhändler.

Weitere Wartungsarbeiten sind 1:

- Ölstand prüfen,
- Luftfilter säubern,
- Kraftstoff auffüllen,
- Stromkabel auf Beschädigungen prüfen,
- Zündkerzen kontrollieren.

AUFGABE

Im Garten von Familie Schäfer sollen 35 m Buchenhecke geschnitten werden.

1. Stellen Sie die Schnittwerkzeuge mit ihren Vor- und Nachteilen in Form einer Tabelle gegenüber.

2. Wie und wann führen Sie den Schnitt aus? Begründen Sie Ihre Entscheidung.

3. Beschreiben Sie, welche Maßnahmen Sie zu Ihrer Sicherheit durchführen, und begründen Sie warum.

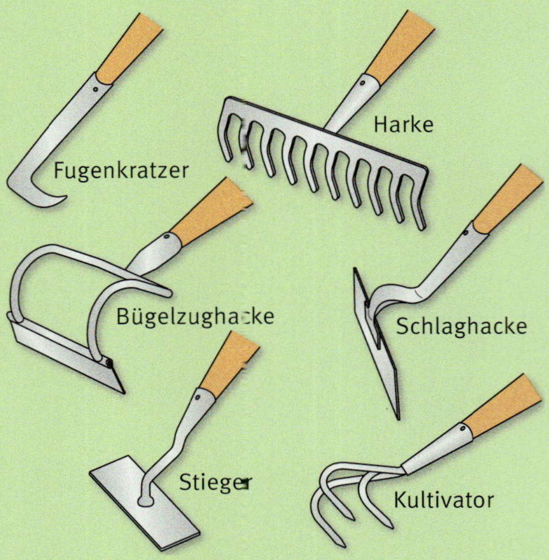

1 Werkzeuge zur Unkrautbeseitigung

2 Bewässerung mit einem Kreisregner

+ Nennen Sie jeweils drei Samenunkräuter und drei Wurzelunkräuter mit deutschem und botanischem Namen.

Beete pflegen

Ein neu angelegtes Pflanzbeet hat einen höheren Pflegebedarf als eingewachsene Pflanzenbestände.

Um ein neu angelegtes Beet dauerhaft ansprechend zu erhalten, muss es regelmäßig gepflegt werden. Die Pflege umfasst Unkrautbeseitigung, Wässern, Düngen, **Mulchen** und eventuell Schädlingsbekämpfung.

Die Beseitigung von Unkräutern nimmt die meiste Zeit des Gärtners in Anspruch. Unkraut muss entfernt werden, da es den Beetpflanzen Licht, Luft und Wasser zum Wachsen nimmt.

In der Regel wird das Unkraut durch Jäten von Hand oder mit einer Hacke entfernt 1.

Samenunkräuter spätestens zur Blüte jäten und bei Wurzelunkräutern auch kleinste Wurzelstücke entfernen.

Aus ökologischen Gründen ist eine chemische Unkrautbekämpfung in Gärten und Parkanlagen nicht wünschenswert. Alternativ entfernt man die Kräuter durch Abbrennen.

Das Wässern ist neben der Unkrautbeseitigung auch eine wichtige Aufgabe des Gärtners 2.

Der beste Zeitpunkt für das Wässern ist morgens. Die Vorteile sind:

- geringe Verdunstung,
- keine Verbrennungsschäden,
- Verminderung von Schneckenfraß,
- das Wasser gelangt in tiefere Bodenschichten und damit an die Pflanzenwurzeln.

Bewässerung bei länger anhaltender Trockenheit so durchführen, dass tiefere Bodenschichten durchfeuchtet sind.

Erfolgt das Wässern bei direkter Sonneneinstrahlung, drohen den Pflanzen Verbrennungsschäden.

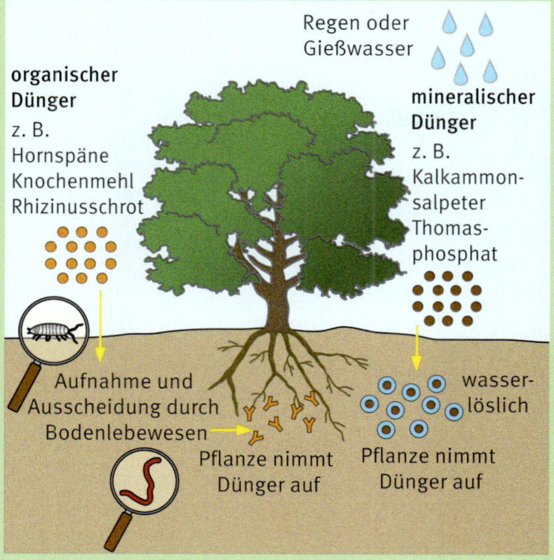

3 **Aufnahme von Dünger**

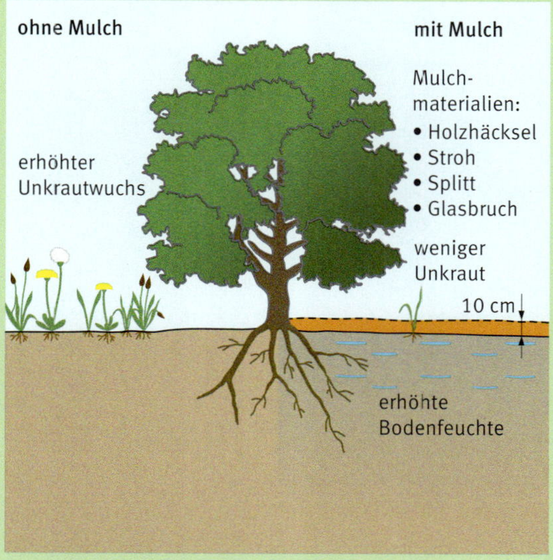

4 **Vorteile des Mulchens**

Um den Nährstoffbedarf besonders von Jungpflanzen zu decken, sollte einmal im Jahr gedüngt werden. Hierfür kommt ein langsam wirkender Dünger in Frage 3.

Organische Dünger wirken dabei wie folgt:

- Nährstoffe werden langsam freigesetzt,
- der Nährstoffvorrat reicht langfristig,
- die Aktivität erwünschter Bodenlebewesen wird erhöht und
- die Gefahr der Überdüngung verringert sich.

Der beste Zeitpunkt zum Düngen mit organischen Düngern ist der Frühling.

Schnell wirkende, mineralische Dünger kommen zum Einsatz, wenn die Pflanzen Mangelerscheinungen zeigen.

Ab Ende August sollte keine weitere Düngung erfolgen. So können die Pflanzen bis zum Ende der Wachstumszeit ausreifen und sind im Winter gegenüber Frost widerstandsfähiger.

Eine besondere Pflegemaßnahme stellt das Mulchen dar. Darunter versteht man das Abdecken des Bodens zwischen den Pflanzen mit Materialien wie Stroh, Holzhäcksel, aber auch Splitt oder Glasbruch.

Durch das Mulchen bleibt der Boden länger feucht und es wachsen weniger Unkräuter 4.

Die Mulchschicht muss mindestens 10 cm dick sein. Vor dem organischen Mulchen mit Stickstoff düngen.

Richtig durchgeführte Pflege hilft Pflanzenkrankheiten zu verringern und dient damit dem vorbeugenden Pflanzenschutz.

AUFGABE

1. Suchen Sie jeweils zwei organische Dünger und zwei Mineralstoffdünger heraus und benennen Sie deren Hauptnährstoffe.
2. Erklären Sie die Aussage: Das Abmulchen erleichtert die Pflege.

Spindelmäher 	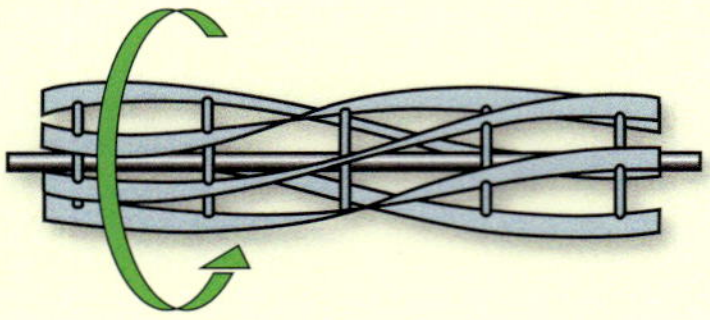	• sauberer, tiefer Schnitt • störanfällig bei hohem Gras und Fremdkörpern • aufwändiges Messerschleifen • teuer
Sichelmäher 	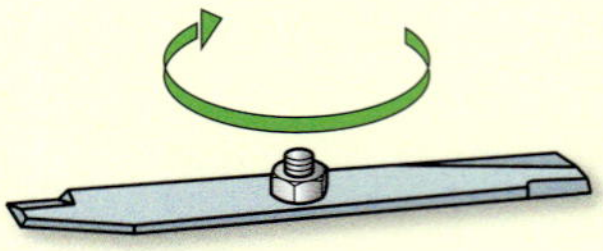	• schlägt die Grashalme ab, Schnittbild etwas fransig • auch bei hohem Aufwuchs • nicht störanfällig gegen kleine Steine oder Stöckchen • einfaches und schnelles Schärfen der Sichelmesser

1 Spindel- und Sichelmäher

Rasenflächen mähen

Nur ein gepflegter Rasen bleibt dauerhaft nutzbar und attraktiv. Im Laufe der Zeit fallen folgende Pflegemaßnahmen häufig an:

- Mähen,
- Düngen,
- Wässern,
- Vertikutieren,
- Aerifizieren und Besanden,
- Pflanzenschutz.

Durch regelmäßiges Mähen wird der Rasen dicht und belastbar. Die Schnitthäufigkeit hängt dabei von der Witterung und dem Rasentyp ab.

Bei wüchsigem Wetter im Mai und Juni schneidet man z. B. Gebrauchsrasen ca. einmal pro Woche auf 3 bis 4 cm Höhe.

Bei kühler oder trockener Witterung wird seltener und nur auf 5 cm Höhe geschnitten. Das fördert die Trockenverträglichkeit der Gräser.

Für den Schnitt stehen verschiedene Mäher zur Verfügung. Im Hausgarten werden Spindel- oder Sichelmäher eingesetzt 1.

Beide Mähertypen gibt es als handgeführte Geräte oder als Aufsitzrasenmäher für größere Flächen.

Landschaftsrasen an Straßenrändern wird meist nur ein bis zwei Mal pro Jahr geschnitten. Weil der Aufwuchs mit Müll durchsetzt sein kann, werden sehr robuste Mäher wie Balkenmäher oder bei kleinen Flächen auch Freischneider eingesetzt 2.

2 Balkenmäher

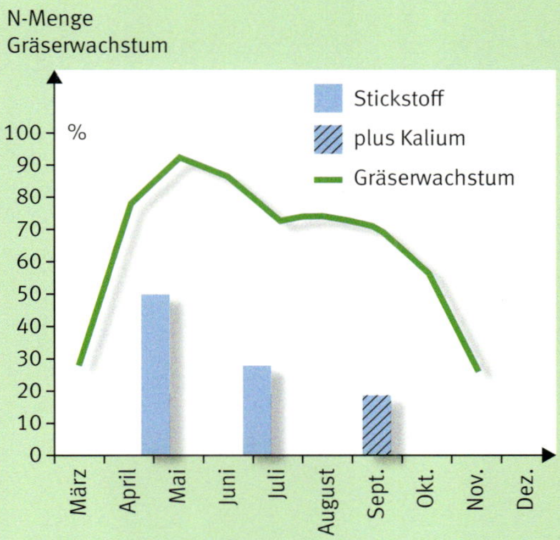

3 **Düngetermine und Düngemengen**

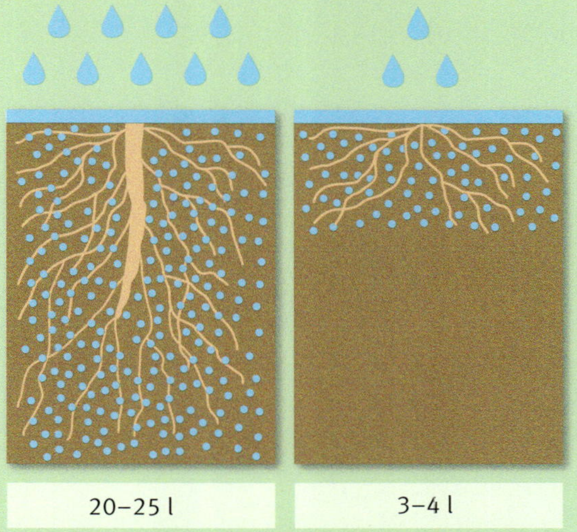

4 **Wurzeltiefe je nach Bewässerung**

Rasen düngen

Weil durch den Rasenschnitt organisch gebundene Nährstoffe abgeführt werden, muss der Rasen regelmäßig gedüngt werden.

Der Düngemittelbedarf richtet sich nach:

- der Bodenart,
- dem Nährstoffgehalt im Boden und
- dem Rasentyp.

Stickstoff sorgt für grüne Blätter und eine dichte Grasnarbe. Daher ist der Stickstoffbedarf bei der Düngung besonders zu beachten.

Zier- und Gebrauchsrasen brauchen zwischen 10 und 20 g Stickstoff (N) pro m^2 und Jahr 3.

Der Nährstoff **Kalium** sorgt für eine gute Winterhärte des Rasens. Er sollte daher vorwiegend im Herbst gegeben werden. Gedüngt wird per Hand oder mit einem Düngerstreuer.

Rasen wässern

Je nach Witterung und Bodenart muss der Rasen im Sommer bewässert werden.

Sandiger Boden kann weniger Wasser speichern als lehmige Böden. Daher ist der Wasserbedarf höher.

Damit die Gräser tief im Boden verwurzelt bleiben, wird selten, aber tiefgründig gewässert. Bei Trockenheit und sandigem Boden reicht eine Wassergabe von 20 l pro m^2 und Woche 4.

AUFGABE

1. Der Zierrasen vor dem Rathaus soll gemäht werden. Wählen Sie den passenden Mähertyp aus. Begründen Sie Ihre Auswahl.
2. Eine 45 m^2 große Rasenfläche muss gedüngt werden. Wie viel Stickstoff benötigt der Rasen für das gesamte Jahr?

1 Messer eines Vertikutierers

2 Aerifizierer

Rasen vertikutieren

Im Laufe der Zeit kann sich an der Bodenoberfläche eine dichte Filzschicht bilden. Sie besteht aus abgestorbenen Pflanzenteilen und wird mit einem **Vertikutierer** entfernt 1.

Durch das Vertikutieren wird:

- die Belüftung gefördert,
- die Wasserdurchlässigkeit erhalten,
- das Wurzelwachstum angeregt,
- Pilzkrankheiten vorgebeugt und
- die Scherfestigkeit gesichert.

Senkrechte Messer schneiden die Filzschicht durch und reißen sie heraus. Der Boden wird dabei leicht angeritzt. Der herausgerissene Rasenfilz wird abgeharkt und weggefahren.

Optimal für diese Tätigkeit ist der Monat Mai. Die Rasenfläche sollte trocken und zuvor auf 2 cm Höhe gemäht worden sein. Nach dem Vertikutieren kann nachgesät, gedüngt und gewässert werden.

Rasen aerifizieren und besanden

Zeigen sich auf älteren Rasenflächen Pfützen, ist der Boden verdichtet. Er kann mit einem **Aerifizierer** belüftet und gelockert werden.

Mit speziellen Stacheln werden ca. 4 bis 6 cm tiefe Löcher in den Boden gestochen, die anschließend mit Sand verfüllt werden 2.

Die Löcher bleiben durch das **Besanden** stabil und Wasser kann zügig abfließen. Die erhöhte Bodenbelüftung fördert das Bodenleben und die Wurzelaktivität.

! Durch das Besanden nach dem Aerifizieren können kleinere Bodenunebenheiten ausgeglichen werden 3.

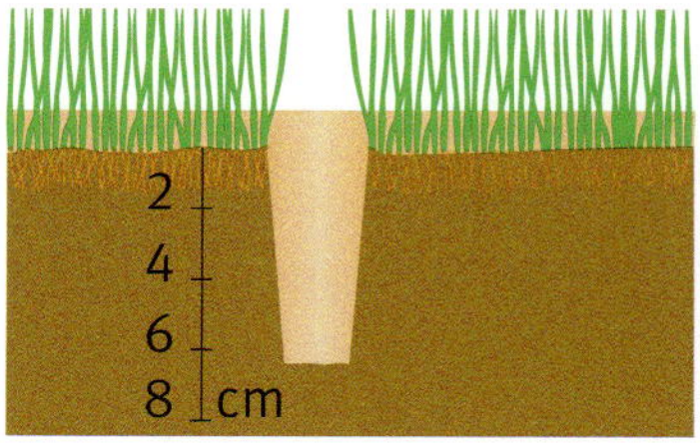

3 Mit Sand befülltes Loch

4 Rasenunkräuter und Schädlinge

Unkräuter
① Löwenzahn
② Gänseblümchen
③ Gundermann
④ Wegerich
⑤ Klee
⑥ Distel

Schädlinge
⑦ Maulwurf
⑧ Wühlmaus
⑨ Engerling
⑩ Drahtwurm
⑪ Wiesenschnakenlarve
⑫ Erdeulenraupe

+

Sie werden gebeten eine vernachlässigte Spielwiese zu pflegen. Der Rasen ist gelb, filzig und lückenhaft, Wasser steht nach Regenfällen auf der Spielfläche.

Erstellen Sie einen Jahrespflegeplan mit allen notwendigen Pflegemaßnahmen.

Unkraut entfernen

Vermooste Rasenflächen sind Anzeiger für Licht- und Nährstoffmangel oder Staunässe. Statt nur das Moos zu bekämpfen, müssen die Ursachen behoben werden.

Neben Gänseblümchen, Klee und Löwenzahn können sich zahlreiche Kräuter in die Rasenfläche einnisten. In geringer Anzahl duldbar, verdrängen sie in großer Zahl die Gräser und schränken die Belastbarkeit des Rasens ein.

Samenunkräuter lassen sich durch regelmäßiges Mähen vermeiden. **Wurzelunkräuter** werden frühzeitig ausgestochen, um die weitere Ausbreitung einzudämmen.

Verbleibende Löcher werden aufgeraut und mit Rasensamen nachgesät, damit sich die Lücken wieder schließen.

Gut ernährte und gepflegte Gräser brauchen Pilzerkrankungen nicht zu fürchten.

Wurzelfressende Insektenlarven wie Engerlinge, Schnaken, Drahtwürmer oder Erdeulen schädigen auch robuste Gräser. Gegen einige Larven werden Nützlinge eingesetzt 4.

Wühlmäuse und Maulwürfe zerwühlen den Rasen. Gegen Wühlmäuse setzt man Fallen.

Der Maulwurf steht unter Naturschutz und darf nicht getötet, sondern nur verscheucht werden. Er ist ein Nützling und vertilgt viele Rasenschädlinge.

Um Maulwürfe zu vergrämen, werden Ultraschall-Wellen oder übel riechende Mittel eingesetzt.

AUFGABE

Betrachten Sie eine Rasenfläche in Ihrem Umfeld.

1. Welche typischen Samen- und Wurzelunkräuter sind zu finden?
2. Erläutern Sie Bekämpfungsmaßnahmen gegen Rasenunkräuter.

ZUSAMMENFASSUNG

1. Pflanzungen planen

- Pflanzenauswahl
- Pflanzen anordnen
- Mengen berechnen

2. Pflanzungen durchführen

- Gehölze pflanzen
- Stauden setzen
- Rasen einsäen

3. Pflanzungen pflegen

- Hecken schneiden
- Unkräuter entfernen
- Rasen pflegen
- Pflanzen düngen

Bei allen Arbeiten die Unfallverhütungsvorschriften beachten!

Mit Werkstoffen arbeiten 2

2.1 Schüttstoffe und Beton verarbeiten

Graues wird grün verpackt.

2.2 Mit Natursteinen pflastern

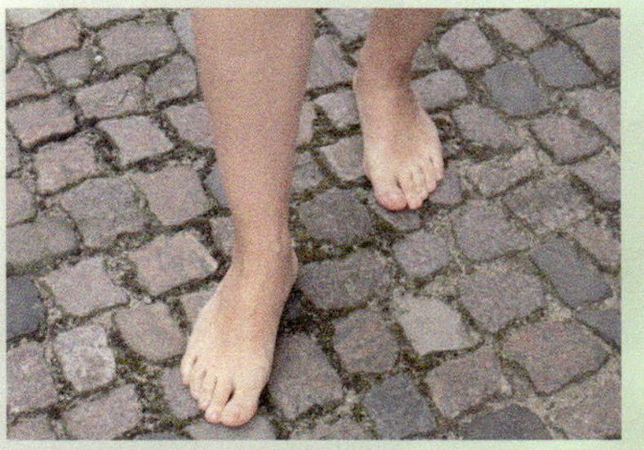

... der „steinige“ Weg zum Erfolg.

2.3 Mit Holz arbeiten

Langsam gewachsen, schnell verarbeitet.

2.4 Mit Metall arbeiten

Nicht alles, was glänzt, ist Gold.

Tab. 1: Unterscheidungsmerkmale von Schüttstoffen

mineralisch		organisch
nicht bindig	**bindig**	
Sand Kies Steine Splitt Schotter	Schluff Lehm Ton	Pflanzerde Torf
Betonrecycling Asphaltrecycling		Komposterde Holzhäcksel

Sand
Splitt
Schotter

1 Mineralische Schüttstoffe

2.1 Schüttstoffe und Beton verarbeiten

Im Garten- und Landschaftsbau wird mit unterschiedlichsten Materialien gearbeitet:

- mit losen **Schüttstoffen** wie Erde, Splitt oder Kies füllt man Flächen zum Pflanzen oder Pflastern auf,
- aus Beton werden **Fundamente** hergestellt,
- aus Natursteinen baut man Sitzplätze oder Mauern,
- aus Holz errichtet man Pergolen oder Carports und
- aus Metall werden Zäune aufgestellt.

Alle Materialien haben typische Eigenschaften, die bei fachgerechter Verarbeitung berücksichtigt werden müssen.

Nur wer die Eigenschaften der Materialien kennt und nutzt, kann erfolgreich gärtnern.

Schüttstoffe unterscheiden

Man unterscheidet mineralische und organische Schüttstoffe. Organische Materialien sind z. B. Mulch, Pflanzerde oder Kompost.

Mineralische Schüttstoffe unterscheidet man zusätzlich in **bindig** und **nichtbindig** (Tab. 1).

Die bindigen Materialien sind feinkörnig und haften aneinander. Sie halten Wasser und sind frostempfindlich.

Bindige Lehme und Kiese werden als oberste Schicht von befestigten Flächen, Sandwegen oder Sportplätzen eingesetzt.

Nichtbindige Materialien sind grobkörnig und die einzelnen Körner haften nicht aneinander. Sie werden im Wegebau eingesetzt.

Kies, Sand und Steine zählen zu den Schüttstoffen, die aus Gestein herausgebrochen und gesiebt werden 1 .

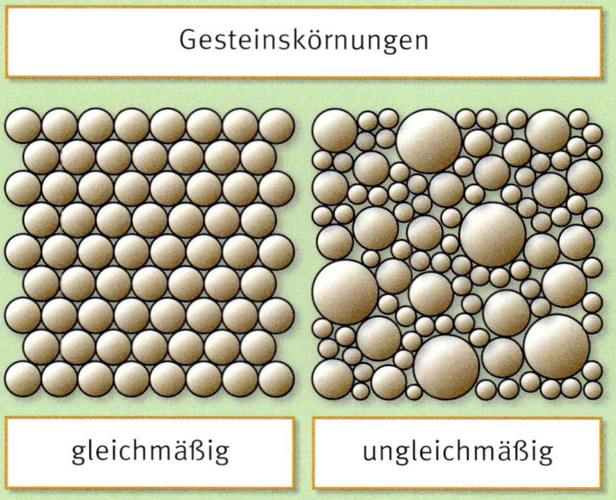

2 Unterschiedliche Gesteinskörnungen

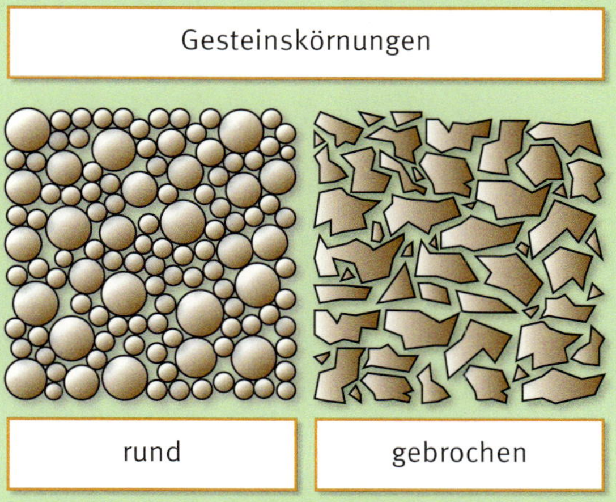

3 Verzahnung der Kornformen

Gesteinskörnungen benennen

Die unterschiedlichen Korngrößen sind für die Verwendung im Gartenbau wichtig. Mithilfe von großen Sieben werden Schüttstoffe in verschiedene Größen unterteilt.

Beim Kauf von Schüttgütern müssen die Art des Schüttstoffs und die gewünschte Korngröße angegeben werden.

Für die Herstellung von Pflasterbeton benutzt man z. B. Kiessand in der Körnung 0/3. Das heißt, dass die kleinsten Körner des Kieses 0 mm und die größten 3 mm im Durchmesser sind. Alle anderen Körnungsgrößen sind herausgesiebt.

Recyclingmaterial besteht aus gebrochenem Bauschutt, der sich aus Ziegeln und Beton, Kalksandstein oder Asphalt zusammensetzt.

Die Korngrößen des Recyclings sind 0/32 oder größer. Sie kommen im Wegebau als Trag- oder Frostschutzschicht zum Einsatz.

Kornformen auswählen

Schüttstoffe sind nach der Verarbeitung besonders tragfähig, wenn sich die unterschiedlichen Körnungen miteinander verzahnen 2. Liegt nur eine Körnungsform vor, rollen sie bei jeder Belastung auseinander und geben nach.

Eine noch größere Verzahnung erreicht man, wenn die einzelnen Gesteinskörner nicht rund, sondern spitz und eckig sind. Man spricht dann von gebrochenen Kornformen 3.

Runde Kornfraktionen liegen bei Sanden und Kiesen vor. Splitt, Schotter und Recycling sind kantige Materialien.

AUFGABE

1. Erklären Sie, warum sich unterschiedliche Korngrößen besser miteinander verzahnen als Einkorngrößen.
2. Worin liegen die Vorteile von gebrochenem Material?

1 Anlieferung Transportbeton

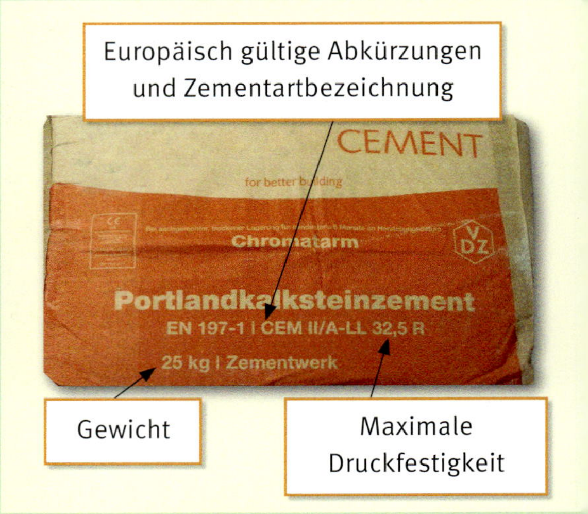

2 Bezeichnungen auf Zementsäcken

Baustoff Beton

Schüttstoffe können im Garten u. a. zu Beton verarbeitet werden.

Beton ist ein Baustoff, der im Gartenbau vielseitig eingesetzt wird. Er ist sowohl starr und fest als auch als Stahlbeton zu einem gewissen Grad biegsam. Er macht gärtnerische Bauwerke fest und dauerhaft haltbar.

Um ihn fachgerecht zu verarbeiten, sind einige Fragen zu beantworten:

- Was ist Beton?
- Wie stellt man Beton her?
- Was kann man mit Beton machen?
- Welche Eigenschaften hat Beton?
- Wie wird Beton „100 Jahre“ alt?

Beton ist ein aus verschiedenen Grundstoffen hergestellter Baustoff, der nach einem festen Rezept angemischt werden muss 1. Die Nutzung des Betons bestimmt die Wahl des Betonrezeptes.

Was ist Beton?

Beton ist eine Mischung aus **Zement**, Gesteinskörnungen und Wasser.

Besondere chemische Zusätze können z. B. das Abbinden des Betons verzögern oder beschleunigen. Sie werden hauptsächlich in Betonwerken hinzugemischt.

Zement entsteht aus verschiedenen Gesteinsmehlen, die bei großer Hitze gebrannt werden. Die Zusammensetzung der verschiedenen Zementarten wird an der Bezeichnung auf den Säcken deutlich 2.

Die wichtigsten Gesteinskörnungen sind Sand oder Kies. Form und Größe der Gesteinskörnungen wirken sich auf die Betonqualität aus.

Größere Körnungen eignen sich für Fundamente von Bauwerken, kleinere Körnungen dienen der Herstellung von Mörtel oder Pflasterbeton.

3 Anmischen von Beton

+ Begründen Sie den Satz: Je kleiner die Gesteinskörnung, desto mehr Zement wird benötigt.

Wie stellt man Beton her?

Man unterscheidet **Transportbeton** von **Ortbeton**. Transportbeton wird in einem Betonwerk nach festen Rezepten gemischt und auf die Baustelle geliefert. Ortbeton wird auf der Baustelle aus seinen Bestandteilen angemischt.

Beim Anmischen kommt auf drei bis vier Schaufeln Sand oder Kies eine Schaufel Zement. Abwechselnd werden diese Stoffe in eine Betonmischmaschine oder einen geeigneten Behälter gefüllt und gut durchmischt 3.

Beton ist dann gut durchmischt, wenn Kies und Zement eine gleichmäßig graue Farbe haben.

Zum Schluss wird Wasser hinzugegeben. Es bildet zusammen mit Zement den Zementleim. Er verklebt die Gesteinskörnungen miteinander. Jedes einzelne Korn muss von Zementleim umhüllt sein, um für Festigkeit zu sorgen.

Man gibt nur so viel Wasser zum Zement-Sand-Gemisch hinzu, bis der Beton die gewünschte Beschaffenheit hat:

- steifer, erdfeuchter Beton für Bordsteinfundamente und zum Pflastern,
- weicher, schwach fließender Beton und
- fließfähiger, sehr flüssiger Beton für Fundamentschüttungen.

Das Wasser muss gut untergemischt werden. Sowohl zu viel als auch zu wenig Wasser wirken sich nachteilig auf die Betonfestigkeit aus.

Das Verkleben und Trocknen der Betonbestandteile nennt man Abbinden oder Aushärten. Dieser Prozess beginnt nach ca. einer Stunde.

AUFGABE

Mit einem Sack Zement zu 25 kg können Sie 100 l Beton anmischen. Wie viel kg Zement brauchen Sie für 1 m^3 Beton?

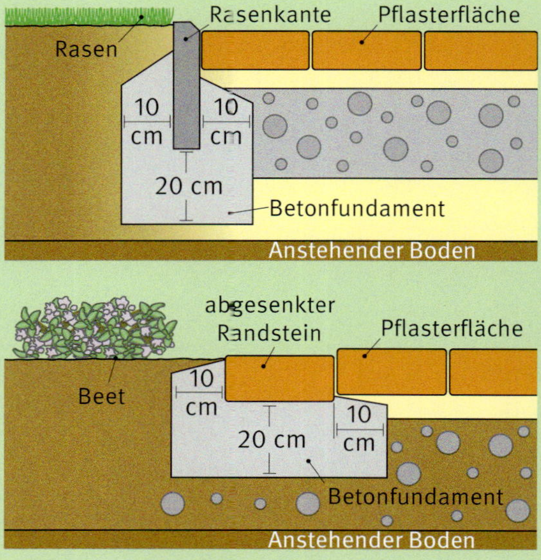

1 Randbefestigungen von Pflasterflächen

2 In Beton gepflasterte Rinne

3 Bordsteinsetzen mit Pflasterhammer

Was kann man mit Beton machen?

Im Garten- und Landschaftsbau benötigt der Gärtner Beton:

- zum Setzen von Rasenkanten und Bordsteinen,
- zur Randbefestigung von gepflasterten Flächen und
- zum Schütten von Fundamenten für Mauern und Treppen.

Der Kantenstein wird immer vor dem Pflastern gesetzt. Der Ausführungsplan gibt vor, wie hoch er eingebaut werden muss.

Bordsteine und Rasenkanten benötigen unter dem „Fuß" ein 20 cm starkes Betonfundament. An den Seiten wird der Beton 10 cm stark angefügt.

Ein Kantenstein ist nur dann fest, wenn er von allen Seiten in Beton eingebettet ist.

Für den Wasserablauf sind die Oberseiten des Fundaments angeschrägt 1.

Den Abschluss einer gepflasterten Fläche bilden Randsteine oder Rinnen. Auch sie benötigen ein Fundament 2.

Randbefestigungen niemals mit der gesamten Fläche verdichten, weil das Fundament sonst brechen kann.

Die Randbefestigung aus Beton verhindert ein Verrutschen der Pflasterflächen.

Zur Herstellung des Fundamentes unterhalb des Kantensteins wird der Beton locker eingeschüttet. Durch wenige Schläge mit dem Pflasterhammer erhält der Kantenstein seine Festigkeit 3.

Die seitliche Einfassung des Kantensteins muss durch Einschalen erfolgen. Eine europäische Norm gibt diese Bauweise verbindlich vor. Andere Bauweisen sind nicht mehr zulässig. Bei Missachtung haftet der ausführende Gartenbaubetrieb für entstandene Schäden.

3 Vibrationsplatte, Vibrationsstampfer

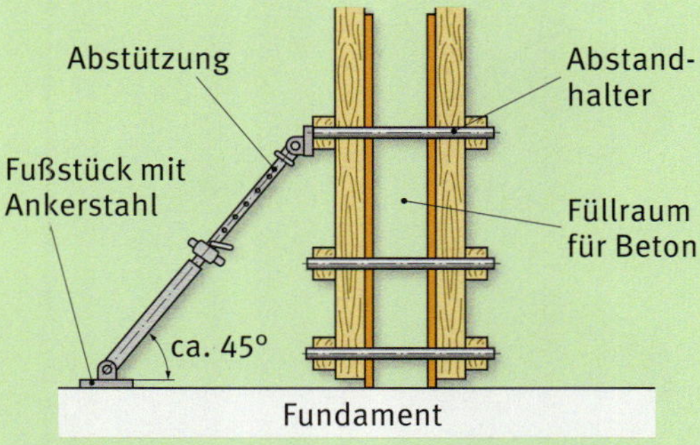

4 Betoneinschalung

+

1. Wie viel Beton wird in der unten stehenden Aufgabe benötigt, wenn er um das 1,3 fache verdichtet wird?
2. Erklären Sie den Unterschied zwischen Ort- und Transportbeton.

Betonfundamente können mit oder ohne **Schalung** erstellt werden. Eine Schalung ist notwendig, wenn das Fundament nicht vom Boden eingefasst oder der Boden zu locker ist.

Bei festem Boden reicht das Ausheben einer Grube ohne Schalung. In diese Grube wird erst Schotter aufgebracht und dann Beton eingefüllt.

Für das Fundament verwendet man große Gesteinskörnungen, um eine hohe Festigkeit zu erreichen.

! Für Fundamente muss man aus Sicherheitsgründen unbedingt geprüften Transportbeton verwenden.

Nach Schüttung des Fundaments muss die Luft aus dem Beton herausgepresst werden. Diesen Vorgang nennt man **Verdichtung**.

Beton kann von Hand oder mit Maschinen gestampft oder gerüttelt werden 3.

Einschalungen sind Formen für das Fundament aus Holz oder Metall, vergleichbar einer Backform. Sie können aus Holz selbst hergestellt oder als Fertigteile aus Metall zusammengesteckt werden 4.

Damit sich die Schalung vom ausgehärteten Beton besser löst, wird sie vorher eingeölt.

Da auf den Einschalungen in gefülltem Zustand hoher Druck lastet, muss er durch Abstützungen und Querverstrebungen aufgefangen werden.

Nach dem Aushärten des Betons wird die Schalung entfernt.

AUFGABE

Sie sollen das Fundament für eine Gartenmauer herstellen.
Der Graben dafür hat die Maße 6,75/0,5/0,8 m.

Wie viel Transportbeton müssen Sie bestellen?

1 Verwendung von Beton

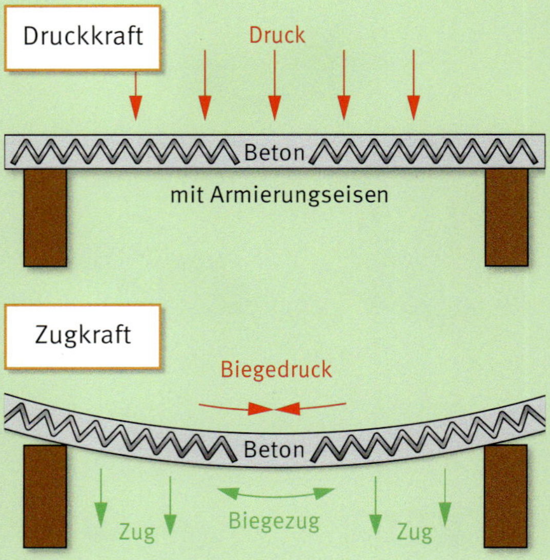

2 Druck- und Zugkräfte im Beton

Welche Eigenschaften hat Beton?

Beton kann verschiedene **Konsistenzen** haben, z. B. steif, weich und fließfähig. Für die Verarbeitung spielt sie eine große Rolle:

- zum Mauern muss der Beton steif sein, damit die Steine aufeinander halten,
- für Fundamentschüttungen muss er weich sein, damit er alle Ecken der Schalung ausfüllt und auch Stahleinlagen sicher umschließt.

Steifer Beton hat die Festigkeit eines Kuchenteigs. Er ist gut zu formen und wird mit einer **Vibrationsplatte** verdichtet.

Weicher Beton hat die Konsistenz eines Waffelteigs. Er schmiegt sich an jede Form an. Mit einem höherem Wasseranteil wird der Beton fließfähig. Diese Konsistenz wird im Hochbau benötigt 1.

Das Einsatzgebiet des Betons bestimmt seine Konsistenz.

Richtig verarbeiteter Beton hält großen Druckbelastungen stand. Für einige Bauwerke reicht dies allein nicht aus. Für Brücken wird z. B. auch eine gute Zugfestigkeit gebraucht, damit frei tragende Teile nicht brechen.

Sie wird erreicht, indem man dem Beton Eisenstangen oder -matten hinzufügt.

Im Gartenbau verwendet der Gärtner Stahlmatten und kleinere Moniereisen, um flächige Fundamente zusätzlich zu stabilisieren.

Entdeckt wurde dieses Verfahren von dem französischen Gärtner Monier. Er stellte fest, dass derart hergestellte Blumenkübel stabiler waren.

Die Druckfestigkeit sorgt für die Lastenaufnahme des Betons. Die Zugfestigkeit des Stahls macht ihn „biegsam“ 2.

Aus der Verbindung der Druckfestigkeit von Beton mit der Zugfestigkeit von Eisen wird aus Beton Stahlbeton.

3 Beton von Hand verdichten

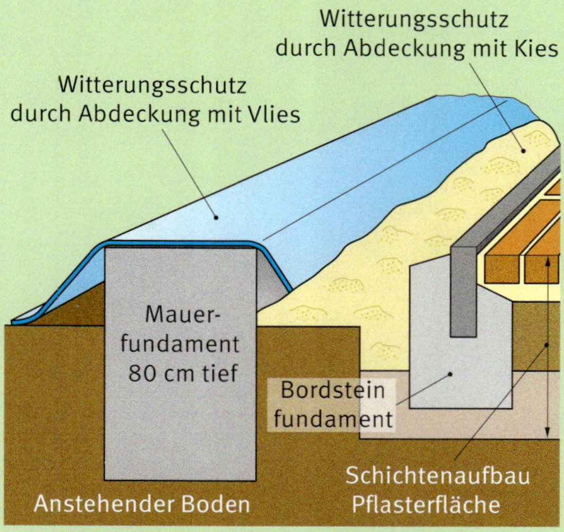

4 Abdecken des Betons bei Sonnenschein

Wie wird Beton „100 Jahre" alt?

Beton ist dann lange stabil, wenn er richtig verarbeitet wird. Dazu zählt:

- dass die Bestandteile richtig gelagert werden,
- dass angemischter Beton fachgerecht verarbeitet wird 3,
- dass die Wetterbedingungen berücksichtigt werden.

Die einzelnen Betonbestandteile müssen sauber, das heißt ohne Verunreinigungen wie z. B. Laub oder Erde und trocken gelagert werden. Angebrochene Säcke schnell verbrauchen.

Das Setzen von Kantensteinen sollte in einem Arbeitsgang erfolgen. Ist das nicht möglich, werden Arbeitsfugen eingearbeitet.

Arbeitsfugen sind Zwischenräume im Fundament, die nach dem Aushärten des Betons mit dehnbarem Material, wie z. B. Bitumen, verfüllt werden.

Zum Schutz vor Austrocknung oder Kälte muss der Beton mit Folie, Vlies oder Sand abgedeckt werden 4.

Hohe Temperaturen und starke Sonneneinstrahlung während des Betonierens führen zu Rissen im Beton.

Niedrige Temperaturen unter 5 °C verhindern die Aushärtung. Bei starkem Regen wird das Betonieren eingestellt, sonst werden Feinteile und Zement ausgewaschen.

AUFGABE

1. Zählen Sie auf, welche Betonkonsistenzen für welche Bauwerke geeignet sind.
2. Erklären Sie Zug- und Druckfestigkeit von Beton mit eigenen Worten.
3. Listen Sie in einer Tabelle auf, was sich negativ auf die Betonhaltbarkeit auswirkt. Welche Gegenmaßnahmen gibt es jeweils?

1 Natursteinverwendung in der Antike

2 Steinbruch

2.2 Mit Natursteinen pflastern

Schon die alten Ägypter pflasterten Straßen mit Natursteinen, um die riesigen Steinblöcke für den Pyramidenbau darüber zu rollen 1.

Auch heute sind Natursteine aus dem Garten- und Landschaftsbau nicht mehr wegzudenken. Sie werden verwendet für:

- Mauern und Abgrenzungen,
- Treppen und Wegebeläge,
- Terrassen und Sitzplätze.

Im Vergleich zu künstlich hergestellten Materialien haben Natursteine vielseitige Vorzüge, sie sind:

- witterungsbeständig,
- widerstandsfähig,
- pflegeleicht,
- vielseitig in Form, Größe und Farbe.

Natursteine werden in Steinbrüchen gewonnen und sind jederzeit wieder zu verwenden oder zu entsorgen.

In Deutschland gibt es Abbaugebiete für verschiedene Natursteine. Sandstein z. B. wird entlang der Elbe oder der Ruhr in Steinbrüchen gewonnen 2.

Der größte Teil hier verwendeter Natursteine kommt aus Ländern wie Südafrika, Indien und China.

Für die Verarbeitung ist es wichtig, eine Unterteilung in Hart- und Weichgesteine vorzunehmen. **Hartgesteine** eignen sich für befahrene Flächen, für Sitzplätze können auch **Weichgesteine** verwendet werden.

Sowohl Hart- als auch Weichgesteine umfassen verschiedene Gesteinsarten. Um sie unterscheiden zu können, betrachtet man ihre natürliche Entstehung. Sie können durch Vulkantätigkeit, Verwitterung oder Umwandlung von Gesteinen entstehen.

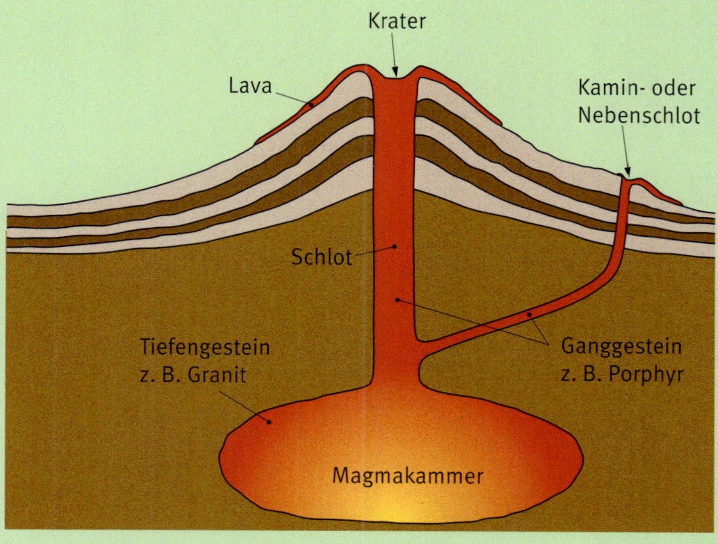

3 **Entstehung von magmatischen Gesteinen**

Erstarrungsgesteine

Ganggestein

Tiefengestein

AUFGABE

1. Erklären Sie die Entstehung von Granit und Porphyr.
2. Wodurch lassen sich diese Gesteine gut unterscheiden?

Vulkangesteine aus Magma

Viele im Wegebau verwendete Natursteine sind vulkanischen Ursprungs. Diese Gesteine nennt man **Erstarrungsgesteine**. Je nach Ort der Erstarrung haben sie verschiedene Eigenschaften.

Tiefengesteine entstehen aus erkaltetem Magma. Die Erkaltung dauert sehr lange, sodass sich grobe Kristalle bilden. Ein Beispiel ist der Granit.

Granit ist der härteste Stein und durch die Kristalleinsprenkelungen sehr attraktiv. Er ist sehr vielfältig in seinen Farben. Man verwendet ihn häufig als Wegebelag oder auf Plätzen.

In den Gängen des Vulkans erfolgt die Erstarrung schneller, daher haben Ganggesteine kleinere Kristalle. Der **Porphyr** ist ein typisches Ganggestein 3.

Die meisten Farbtöne des Porphyrs liegen im rotbraunen Bereich. Es gibt ihn aber auch in verschiedenen Grautönen. Er ist erkennbar an kleinen Kristalleinstreuungen in Weiß, Rosa und Schwarz.

! Granit und Porphyr sind an der Kristallgröße leicht erkennbar: Granit – große Kristalle; Porphyr – kleine Kristalle.

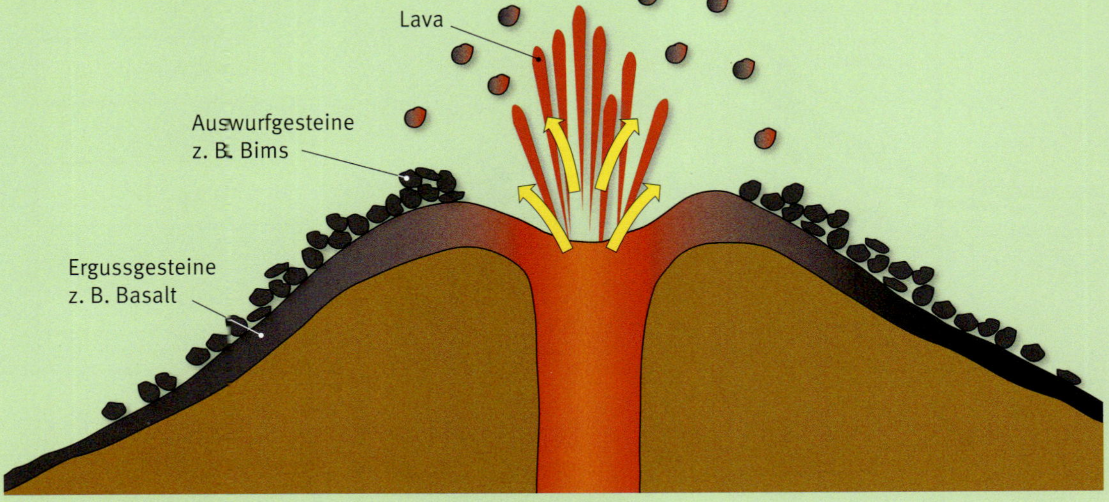

1 **Entstehung von Gesteinen aus Lava**

Vulkangestein aus Lava

Lava, die an der Erdoberfläche schnell abkühlt und erstarrt, bildet keine Kristalle. Diese Steine sind von feiner Struktur und oft mit einer Ascheschicht bedeckt. Beim dunklen **Basalt** ist die gelbliche Ascheschicht besonders gut sichtbar.

Basalt findet man meist in Blau-Schwarz.

Weil die Gesteinsmasse zu einem Stück verschmolzen ist, sind diese Steine besonders hart und als Straßenpflaster sehr gut geeignet. Beim Befahren bekommt es eine glatte und glänzende Oberfläche.

Manchmal wird die Lava sehr hoch aus dem Schlot des Vulkans herausgeschleudert 1. Sie kühlt so schnell ab, dass Luftblasen eingeschlossen werden. Es bilden sich löchrige, leichte Auswurfgesteine wie **Bims**.

Ebenso wie Basalt findet man echten Bims in Schwarz und Rot.

Bims eignet sich aufgrund seiner löchrigen Struktur sehr gut als Mauerstein z. B. für Lärmschutzwände und als leichtes **Substrat** für die Dachbegrünung.

2 **Entstehung von Ablagerungsgesteinen**

AUFGABE

1. Unterscheiden Sie Basalt und Bims in Aussehen und Entstehung.
2. Erklären Sie die Entstehung von Sandstein und Grauwacke.
3. Erkundigen Sie sich beim Natursteinhändler aus welchen Gebieten er Sandsteine führt.

Ablagerungsgesteine

Gesteine werden unter Einfluss von Wasser, Wind und Frost zerkleinert. Dieses Material wird mit dem Wasser abtransportiert. Fließt das Wasser langsam, lagert sich das Material in Schichten übereinander ab. Nach Jahrmillionen verbinden sich die Schichten zu Steinen 2.

Aus gröberen Körnern bilden sich **Sandsteine**.

Die Farben variieren je nach mineralischer Zusammensetzung von ocker, grau über gelb bis rötlich-braun. Sandstein eignet sich z. B. für Mauern, Terrassenplatten und Stufen.

Aus feineren Körnern werden z. B. **Grauwacken** gebildet.

Grauwacken sind weniger farbenprächtig. Ihre Farben reichen von grau-grün über grau-blau zu grau-rot. Sie eignen sich z. B. für PKW-Stellplätze.

Die durch Schichtung entstandenen Ablagerungsgesteine sind weich und weniger belastbar.

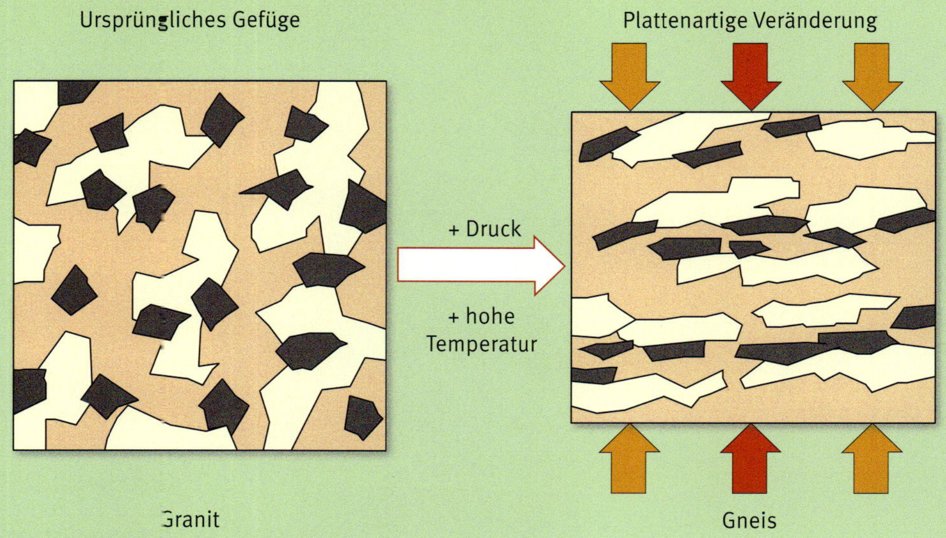

1 **Strukturveränderung Umwandlungsgestein**

Umwandlungsgesteine

Durch Erdverschiebungen werden Gesteine mit hohem Druck und Hitze in andere Gesteine umgewandelt. Dadurch entstehen plattenartige Schichten, die an die einzelnen Schichten eines Blätterteigs erinnern 1.

Je nach Ursprungsgestein entstehen verschiedene **Umwandlungsgesteine**, z. B. wird aus Granit **Gneis**.

Die Farbe vom Gneis entspricht der des Granits, jedoch sieht man hier statt der Kristalle die plattenartigen Schichten. Gneis ist belastbar und z. B. gut geeignet für Beläge in Fußgängerzonen.

Aus Sandstein wird **Quarzit**. Er wird eingesetzt für Gartenmauern.

Quarzit ist farbgleich mit Sandstein. Er unterscheidet sich von ihm durch die glänzenden Schichten, die im Stein eingeschlossen sind.

Marmor ist umgewandelter Kalkstein, der aber nur in warmem Klima für den Außenbereich geeignet ist. Marmor gibt es in allen erdenklichen Farben.

Umwandlungsgesteine erscheinen plattenartig und sind immer härter als ihr Ausgangsgestein.

2 **Natursteinpflaster**

Tab. 1: Pflastersteinmengen

Größe	Fläche pro Tonne [m^2]	Anzahl Steine pro Tonne [Stck.]
Groß-pflaster	ca. 3	100
Klein-pflaster	ca. 5	500
Mosaik-pflaster	ca. 8	2000

Pflastersteine auswählen

Natursteinpflaster sind quaderförmige, gebrochene Steine, die in Größen von 5 bis 30 cm Kantenlänge angeboten werden. In der Praxis unterscheidet man drei Gruppen 2 :

- Großpflaster,
- Kleinpflaster und
- Mosaikpflaster.

Großpflaster werden überwiegend zur Randbefestigung und für stark befahrene Verkehrsflächen verwendet. Sie haben Kantenlängen von 12 bis 30 cm.

Kleinpflaster sind oft in Einkaufszonen von Innenstädten, aber auch in Vorgärten und auf Terrassen zu finden. Ihre Kantenlängen betragen 7 bis 11 cm.

Mosaikpflaster haben die kleinste Größe, die Kantenlängen betragen 5 bis 6 cm. Es wird vor allem für Ornamente und Muster im Privatgarten eingesetzt.

! Je kleiner das Format, desto größer die Gestaltungsmöglichkeiten bei der Verlegung.

Natursteinpflaster wird im Gegensatz zu allen anderen Wegebelägen in der Einheit Tonnen verkauft. Die Größe des Steins bestimmt den Mengenaufwand für eine Pflasterfläche (Tab. 1).

AUFGABE

1. In welche Gruppen lassen sich Natursteine grundsätzlich einteilen?
2. Erklären Sie die Entstehung der Natursteingruppen.
3. Zeichnen Sie die Struktur von Granit, Basalt und Sandstein in ein Feld von 5 cm x 5 cm.
4. Familie Schulz wünscht sich eine 25 m^2 Terrasse aus Kleinpflaster. Berechnen Sie den Bedarf an Steinen.

1 Wegeaufbau in Schichten

Pflastern eines Sitzplatzes vorbereiten

Damit das Pflaster langfristig stabil bleibt, müssen die Steine in eine Art Fundament eingebettet werden. Dieses bezeichnet man als Oberbau.

Der **Oberbau** setzt sich aus folgenden Schichten zusammen 1 :

- Deckschicht (Pflasterdecke),
- Ausgleichsschicht,
- Tragschicht und
- Frostschutzschicht.

Je nach Untergrund und Klimaverhältnissen variiert die Stärke der Schichten. Die Deckschicht bildet den begehbaren Abschluss.

Darunter befindet sich die Ausgleichsschicht von 3 bis 5 cm Stärke. Sie gleicht Unebenheiten der Tragschicht aus und erleichtert das Pflastern. Das Material hierfür ist meist feinkörnig wie z. B. Sand oder Splitt.

Alle aufkommenden Lasten werden von der Tragschicht aufgefangen und verteilt. Sie verhindert ein Verformen und Absacken der Deckschicht. Hierfür sind nur Korngemische in einer Größe von 0 bis 45 mm geeignet.

Die Stärke der Tragschicht muss mindestens so stark sein wie die 3-fache Größe des größten Kornes.

Die Tragschicht kann mit der Frostschutzschicht zusammengefasst werden. Sie dient der Ableitung von Wasser in den Untergrund. Sie verhindert, dass hochfrierendes Wasser die Deckschicht verschiebt. Sie muss mindestens 10 cm stark sein.

Der Untergrund, das sogenannte Planum, muss ca. 2,5 % Gefälle aufweisen, damit das Wasser abfließen kann.

Alle darüberstehenden Schichten des Oberbaus, wie Frostschutz-, Trag- und Ausgleichsschicht, werden mit dem gleichen Gefälle eingebaut.

2 Pflastern von Natursteinen

+

Familie Schulz möchte den Schotter für ihre 25 m^2 große Terrasse bestellen.

Wie viel m^3 Schotter werden bei einer Tragschichtstärke von 25 cm und einem Verdichtungfaktor von 1,1 benötigt?

Sitzplatz pflastern

Z. B. mit einem Minibagger wird der Boden bis zur gewünschten Tiefe ausgehoben. Anschließend wird der Untergrund im notwendigen Gefälle planiert.

Schotter wird häufig als kombinierte Frostschutz-Tragschicht ca. 25 cm stark aufgetragen und verdichtet.

Das Verdichten erfolgt von Hand mit dem Handstampfer oder bei größeren Flächen mit der Rüttelplatte. Durch das Verdichten sackt der Schotter um ca. 10 cm ab. Dieser Verlust muss durch Schottereinbau ausgeglichen werden.

Darauf trägt man Pflastersand oder Mörtel in Stärken von 3 bis 5 cm auf.

Gepflastert wird grundsätzlich rückwärts, da das Pflasterbett so den Steindicken angepasst werden kann 2 . Für das Setzen verwendet man einen Pflasterhammer.

Für einen festen Halt muss zwischen den einzelnen Pflastersteinen ein Zwischenraum bleiben, die sogenannte Fuge. Sie wird mit dem Material der Ausgleichsschicht verfüllt.

Die Fugenbreite ist abhängig von der Steingröße (Tab. 1).

Tab. 1: Fugenbreite je nach Steingröße

Steingröße	Fugenbreite in mm
Mosaikpflaster	5–8
Kleinpflaster	10
Großpflaster	10–15

AUFGABE

1. Zeichnen Sie den Oberbau für eine Natursteinterrasse im Querschnitt, und geben Sie die Aufgaben der jeweiligen Schicht an.
2. Wählen Sie für jede Schicht ein geeignetes Material aus.

1 Reihenverband in der Entstehung

2 Netzverband in der Entstehung

Pflastermuster auswählen

Für die Pflasterung eines Sitzplatzes kann man verschiedene Verlegemuster wählen:

- Reihenverband,
- Netzverband,
- Segmentbögen,
- Schuppenbögen.

Am häufigsten wird der **Reihenverband** verwendet. Dafür werden die Steine in einer Reihe nebeneinander gelegt.

Es ist darauf zu achten, dass keine Kreuzfugen entstehen und die Reihen abwechselnd mit einem halben und einem ganzen Stein beginnen. Die Steingrößen einer Reihe sollten in etwa gleich sein 1 .

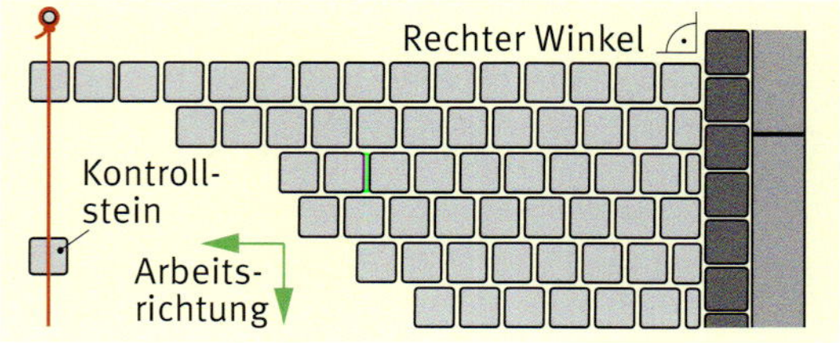

Beim **Netzverband** werden die Steine mit Kreuzfuge gesetzt. Besonderer Anspruch sind die durchlaufenden Längs- und Querfugen. Dies kann nur bei exakt gleich großen Steinen gelingen 2 .

Segmentbögen sind anspruchsvoll in der Ausführung. Bevor die Steine gesetzt werden können, müssen die Bögen sorgfältig eingemessen werden, damit ein einheitliches Bild entsteht.

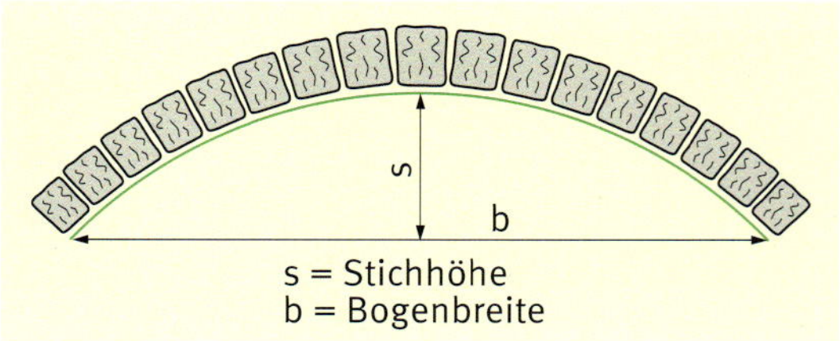

3 Segmentverband in der Entstehung

4 Schuppenverband in der Entstehung

Die Höhe der **Segmentbögen** berechnet man wie folgt 3:

$$\text{Stichhöhe} = \frac{\text{Bogenbreite}}{5} + 1\text{ cm}$$

Die Steine sollten unterschiedliche Größen haben. Für die Bogenmitte benötigt man trapezförmige, größere Steine.

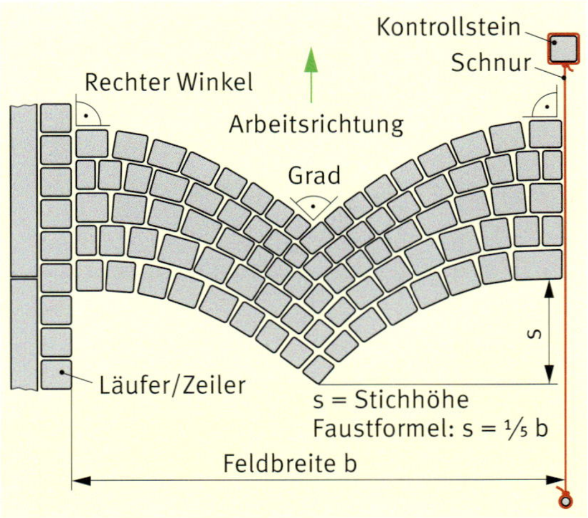

Für den Segmentbogen werden meist Mosaik- und Kleinpflaster verwendet.

Der Kreisform angelehnt ist die Verlegung in **Schuppenbögen**. Auch hier erleichtern unterschiedliche Steingrößen und Trapezsteine das Verlegen. Zusätzlich ist eine Schablone hilfreich 4.

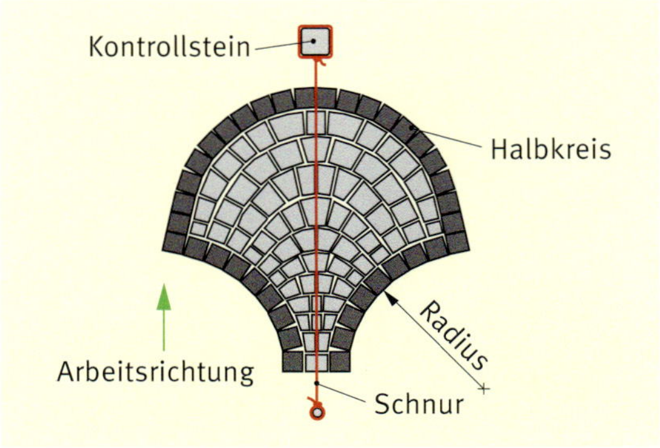

AUFGABE

Modellpflastersteine in Größe 1 cm x 1 cm sollen verlegt werden.

Wählen Sie ein Verlegemuster aus und zeichnen Sie dieses in einen Kasten von 10 cm x 15 cm. Achten Sie dabei auf die Fugen.

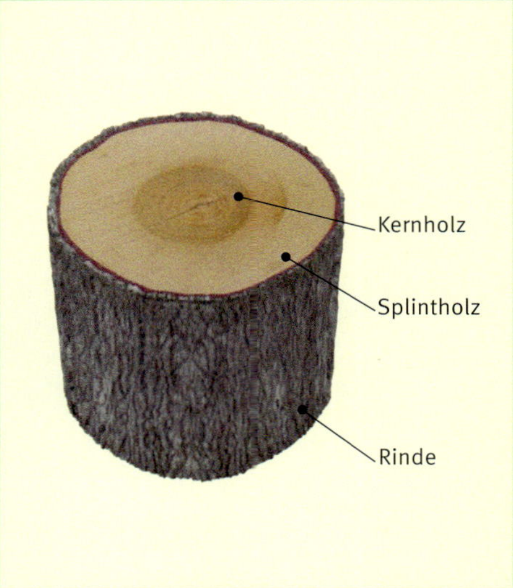

1 Querschnitt durch einen Stamm

Tab. 2: Haltbarkeit des Holzes		
Klasse 1	› 25 Jahre	Bangkirai, Robinie
Klasse 2	15–25 Jahre	Eiche, Eibe
Klasse 3	10–15 Jahre	Lärche, Douglasie
Klasse 4	5–10 Jahre	Kiefer, Fichte, Tanne
Klasse 5	2–5 Jahre	Ahorn, Birke

2.3 Mit Holz arbeiten

Holz ist ein natürlicher, nachwachsender Werkstoff mit wertvollen Eigenschaften. Es findet im Außenbereich vielfach Verwendung z. B. als

- Terrasse und Stufen,
- Zaun und Tor,
- Carport und Pergola,
- Spielgerät und Sandkasten.

Ein Baumstamm besteht aus **Splintholz** und **Kernholz** 1 .

Splintholz ist hell und weich. Es befindet sich direkt unterhalb der Rinde. Kernholz ist häufig dunkel und hart. Es liegt in der Mitte des Stammes. Bäume mit großem Kernholzanteil, wie z. B. Eichen, werden bis zu 1000 Jahre alt.

Kernholz ist haltbarer und widerstandsfähiger gegen Insekten- und Pilzbefall als Splintholz.

Splintholz ist als Baustoff ungeeignet. Es findet z. B. Verwendung für Streichhölzer.

Jedes Holz ist anders in Farbe und Haltbarkeit. Für die Bearbeitung ist auch die Härte besonders von Bedeutung (Tab. 1).

Tab. 1: Härte des Holzes	
Sehr weich	Tanne, Weide
Weich	Fichte, Kiefer
Mittelhart	Birke, Lärche
Hart	Ahorn, Eiche
Sehr hart	Rotbuche

Neben der Härte des Holzes ist die Haltbarkeit wichtig. Sie kann durch Feuchte, Pilze und holzzerstörende Insekten stark beeinträchtigt werden. Daher wird sie auch in sogenannte Dauerhaftigkeitsklassen eingeteilt (Tab. 2).

Im Außenbereich sind nur unbehandelte Hölzer der Klasse 1 bis 4 einsetzbar.

2 Verwendungsbeispiele für Holz im Außenbereich

+ Recherchieren Sie im Internet über die Gewinnung von Tropenholz und dessen Herkunft. In welchen Formen wird es bei uns angeboten?

Hölzer auswählen

Je nach Verwendungszweck werden Hölzer entsprechend ihren Eigenschaften ausgewählt 2. Im Außenbereich vielfach eingesetzte Holzarten sind:

Fichte: schnellwachsendes, weiches Holz in heller Farbe. Es ist leicht zu verarbeiten und verformt sich nicht. Ohne Holzschutz ist es wenig dauerhaft. Fichtenholz ist preiswert und eignet sich z. B. für Zäune.

Lärche: langsam wachsendes, festes Holz von rötlicher Farbe, das durch Verwitterung grau wird. Es ist gut zu bearbeiten und dauerhafter als Fichte.
Es harzt stark. Verwendet wird es für Terrassenbeläge und Spielgeräte.

Robinie: langsam wachsendes, sehr hartes Holz. Es ist schwer zu bearbeiten. Die Farbe ist gelb-grünlich, in der Bewitterung vergrauend. Es ist sehr dauerhaft. Bevorzugt findet man es z. B. als Spielgerät, Terrassenmöbel und als Steg im Wasser.

Bangkirai: sehr hartes tropisches Holz mit hoher Dauerhaftigkeit. Es ist dunkelbraun und schwer zu bearbeiten. Es wird als Terrassenbelag verwendet. Allerdings schädigt die Gewinnung von Tropenholz die Regenwälder.

AUFGABE

Der Kunde hat eine Holzterrasse bestellt. Prüfen Sie die vorgestellten Hölzer auf Härte und Haltbarkeit. Welche sind geeignet?

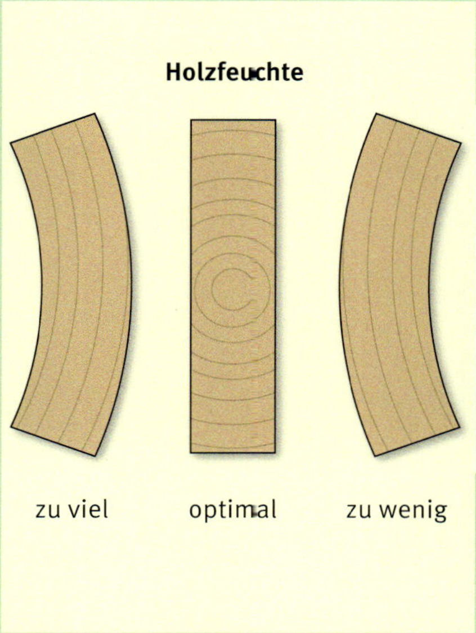

1 Formveränderung von Holz

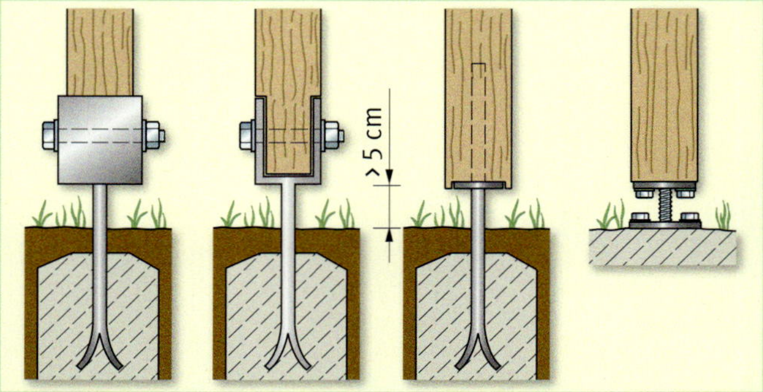

2 Bodenhülse/Pfostenschuh

3 Baulicher Holzschutz

Holz schützen

Wer Holz verwendet, sollte seine wichtigsten Eigenschaften kennen. Im Außenbereich ist Holz dem Wetter und dem Einfluss von Pilzen und Insekten ausgesetzt.

Durch die Witterung reagiert Holz auf Temperatur, Feuchtigkeit und UV-Strahlung. Es kann sich in seiner Form verändern. Dann reißt es oder verzieht sich 1.

Schwinden nennt man den Feuchteverlust, Quellung die Aufnahme von Wasser.

Im Freien ist es vor allem notwendig, Holz vor Feuchtigkeit zu schützen. Durch bauliche Maßnahmen, wie z. B. das Abschrägen eines Pfostens, fließt das Wasser schnell ab. Diese Maßnahmen nennt man **konstruktiven Holzschutz**.

Gegen das Ausbleichen und holzzerstörende Pilze und Insekten wird das Material zusätzlich chemisch behandelt.

Der konstruktive Holzschutz umfasst:

- Schutz vor Erdkontakt und Spritzwasser,
- rasches Ablaufen von Regenwasser,
- schnelles Abtrocknen.

Zum Schutz vor Erdkontakt können Holzpfosten mit Pfostenschuhen oder Bodenhülsen aus Metall verbaut werden 2. Zum Schutz vor Spritzwasser ist ein Abstand des Holzes zum Boden von 5 cm einzuhalten.

Um Holz vor stehendem Wasser zu schützen, schrägt man es ab oder deckt es mit Kappen aus Kunststoff oder Metall ab 3.

Die einzelnen Bretter einer Holzterrasse trocknen schneller, wenn sie ausreichenden Abstand voneinander haben.

AUFGABE

Wo finden Sie Bauwerke aus Holz? Welche Maßnahmen des konstruktiven Holzschutzes finden Sie dort?

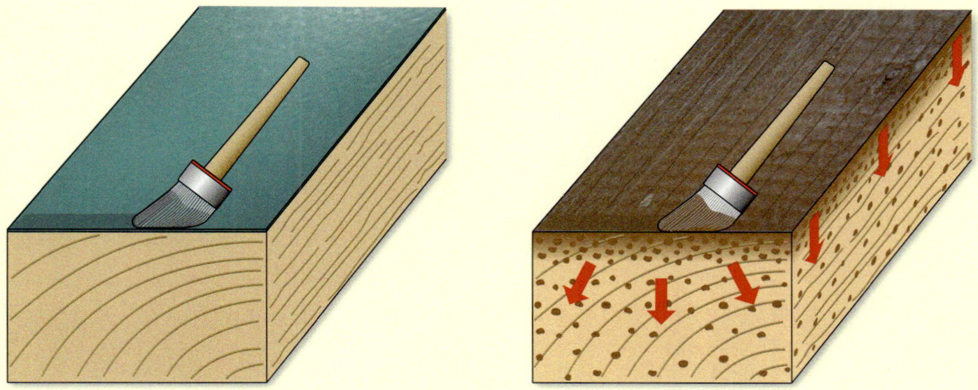

4 Holzlack und Holzlasur im Vergleich

AUFGABE

1. Schauen Sie sich in Ihrer Schule um. Welche Einrichtungsstücke aus Holz sind lasiert oder mit Lacken behandelt?
2. Erklären Sie den Unterschied zwischen konstruktivem und chemischem Holzschutz.

Holz unterliegt natürlichen Abbauprozessen. Insekten und Pilze zerstören Holz, indem sie es als Lebensraum und Nahrungsquelle nutzen.

Große Schäden verursachen die Larven folgender Insekten:

- Bockkäfer,
- Splintholzkäfer und
- Holzwespen.

Pilze dringen mit ihrem Geflecht ins Holz ein und zersetzen das Holz. Dadurch weicht das Holz auf und fault. Manche Pilze verfärben das Holz rot-braun oder blau-schwarz.

Pilze wachsen optimal bei warm-feuchter Witterung. Allerdings können sie lange bei trockener Hitze und Kälte überdauern. Die Zersetzung des Holzes durch Insekten oder Pilze kann nur chemisch verhindert werden.

Holzfarben sind eine Kombination aus Holzschutz und Schmuckfarbe.

Chemische Holzschutzmittel enthalten außerdem:

- Wirkstoffe gegen Schäden durch UV-Strahlen,
- wasserabweisende Stoffe und
- brandhemmende Mittel.

Die chemische Behandlung kann direkt vor Ort mit Ölen, **Lasuren** und **Lacken** erfolgen (4, Tab. 1).

Tab. 1: Holzschutzmittel

Öle und Lasuren	dringen mit ihren Wirkstoffen ins Holz ein; Maserung bleibt sichtbar
Lacke	oberflächliches Versiegeln des Holzes; es entsteht eine abgeschlossene Holzoberfläche

Im Baustoffhandel werden industriell geschützte Hölzer angeboten. Die so imprägnierten Hölzer erkennt man an einem grünen Farbschimmer.

1 **Metallverwendung im Garten**

2.4 Mit Metall arbeiten

Neben Beton, Stein und Holz verarbeitet der Gärtner auch Gegenstände aus Metall, wie z. B. 1 :

- **Zäune** ①,
- Rankhilfen für Kletterpflanzen ②,
- Beetbegrenzungen ③,
- **Gabionen** ④ oder
- Befestigungen für Pfosten und Sichtschutzwände.

Metalle wie z. B. Eisen können rosten, wenn sie nicht mit Rostschutzmitteln gepflegt werden.

Rosten ist die Reaktion des Eisens mit Wasser und Sauerstoff. Das nennt man **Korrosion**. Korrodiertes Eisen ist weniger haltbar.

Bei Blumenkübeln oder Beeteinfassungen ohne haltende Funktion ist eine rostige Oberfläche aus optischen Gründen erwünscht.

Metall schützen

Bereits beim Einbau kann man Metalle vor Witterung schützen, indem man den Kontakt mit Wasser verhindert. Metalle sollten:

- nicht direkt mit dem Boden in Kontakt kommen,
- Regenwasser gut ablaufen lassen und
- vor Spritzwasser geschützt eingebaut werden.

! Die Verwendung von verzinktem Eisen ist teuer, aber der allerbeste Schutz vor Korrosion.

Damit Metalle lange halten, muss Rost regelmäßig abgeschliffen werden. Dann folgt ein Anstrich mit Rostschutzgrundierung und bei Bedarf ein Farbanstrich. Im Handel sind kombinierte Anstriche erhältlich.

Einen wirksamen Schutz vor Witterungseinflüssen bietet auch eine Kunststoffummantelung, die bei Maschendrahtzäunen üblich ist.

2 Zaun aus Doppelstabmatten und aus Maschendraht

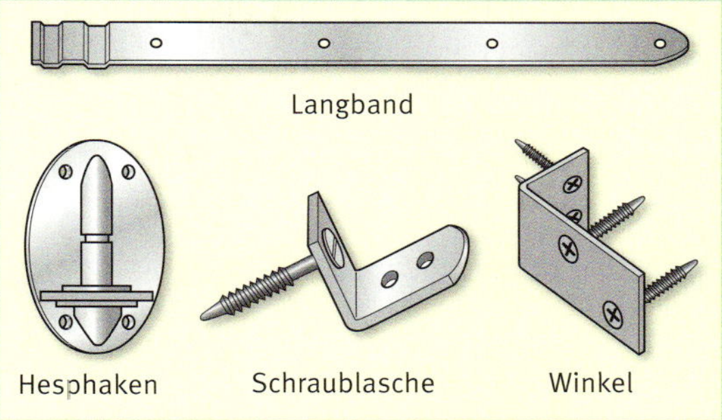

3 Metallbeschläge

AUFGABE

1. Welche Möglichkeiten gibt es, Korrosion zu verhindern?
2. Recherchieren Sie, welche rostfreien Edelstahle es gibt.
3. Erklären Sie mit eigenen Worten, was beim Rosten passiert und warum es unerwünscht ist.

Zäune errichten

Bei den Metallzäunen unterscheidet man Zäune aus Schmiedeeisen von Zäunen aus Doppelstabmatten oder Maschendrahtzäunen 2.

Schmiedeeiserne Zäune werden meist vom Schmied handgefertigt und sind in der Regel vor alten Gebäuden zu finden.

Vor dem Einbau solcher Zaunelemente ist darauf zu achten, dass die Zaunstäbe keine Spitzen haben, an denen man sich verletzen kann.

Doppelstabmatten sind die moderne Variante eines Metallzauns. Sie sind verzinkt oder wie Maschendrahtzäune mit einer dauerhaften Rostschutzbeschichtung überzogen. Sie brauchen keine weitere Pflege.

! Im Zaunbau werden zuerst die Pfosten einbetoniert und anschließend die Metallelemente dazwischen befestigt.

Metallbeschläge verwenden

Beschläge wie Winkel, Schraublaschen oder Langbänder bestehen aus Metall und verbinden Bauteile miteinander 3.

Ihre Größen sind abhängig von:

- der zu tragenden Last und
- dem Material der Bauteile.

Die Gerbsäure der Hölzer zerstört Metall und verfärbt das Holz schwarz, nur Edelstahl nicht. Deshalb müssen bei Eichenpfosten oder Tropenhölzern alle Befestigungsteile aus Edelstahl bestehen.

Metallteile können aus Aluminium, Kupfer, Messing oder anderen Legierungen hergestellt sein. Das Farbspektrum dieser Materialien reicht von Silber bis zu Gelb- und Rottönen.

! Nicht rostende Metalle müssen die Bezeichnung „Edelstahl rostfrei“ tragen.

ZUSAMMENFASSUNG

Baustoffe, mit denen der Gärtner arbeitet:

Schüttstoffe	Beton	Naturstein	Holz	Metall
– Sand – Kies – Schotter – Mulch	– Ortbeton – Transportbeton	– Hartgestein: z. B. Granit Porphyr Basalt Bims – Weichgestein: z. B. Grauwacke, Sandstein	– Nadelholz – Laubholz – Tropenholz	– Eisen – Stahl – Edelstahl – Kupfer
Einsatzgebiete				
– Wegebau – Herstellung von Beton – Abdeckung von Böden	– Fundamente – Fertigteile	– Wegebau – Mauern	– Pergolen – Carports – Terrassen – Spielgeräte	– Zäune – Rankhilfen – Begrenzung von Beeten – Gabionen

Die Baustelle abwickeln

3

3.1 Baustelle vorbereiten

Erst denken, dann handeln

3.2 Projekte im Garten umsetzen

Jetzt geht's los!

3.3 Baustelle nachbereiten

Viele Hände, schnelles Ende

1 Teich

2 Kräuterspirale

3 Carport

4 Metallzaun

3.1 Baustelle vorbereiten

Familie Schmitz möchte ihren Garten umgestalten. Neu angelegt werden:

- ein Teich 1,
- eine Kräuterspirale 2,
- ein Carport 3 und
- ein Metallzaun 4.

Der Teich ist ein vielseitiger Lebensraum für Pflanzen, Insekten wie Libellen und Amphibien, Frösche oder Molche. Im Garten dient er vor allem als Erholungsraum. Entsprechend den Jahreszeiten ändert er sein Aussehen, insbesondere weil sich die Vegetation verändert 1.

Eine Kräuterspirale ermöglicht auf kleinstem Raum Kräuter mit verschiedensten Standortansprüchen anzuziehen 2. Sie besteht aus schneckenartig aufgeschichteten Natursteinen, die in den Zwischenräumen bepflanzt werden. Neben dem Nutzwert der Kräuter ist die Kräuterspirale auch schön anzusehen.

Ein Carport ist ein überdachter Unterstand für Fahrzeuge, meistens aus Holz. Um den Carport in die Umgebung des Gartens zu integrieren, werden Dach- und Seitenwände mit Pflanzen begrünt 3.

Zur Begrenzung des Gründstücks ist ein Metallzaun geplant. Diese Form der Eingrenzung spart Platz und ist sehr pflegeleicht 4.

Damit Projekte im Garten umgesetzt werden können, wird zunächst ein **Übersichtsplan** gezeichnet. Der Übersichtsplan zeigt die Lage und die Größe der einzelnen Bauwerke 5.

Detailpläne, wie z. B. der der Kräuterspirale, zeigen verwendete Baustoffe und Pflanzen und geben Hinweise zur Bauausführung. Bevor die Arbeit beginnt, sind vorher wesentliche Tätigkeiten zu erledigen:

- Materialien und Pflanzen bestellen,
- Arbeits- und Lagerplätze einrichten,
- Maschinen auf die Baustelle bringen und
- die Baustelle vor Diebstahl und Betreten sichern.

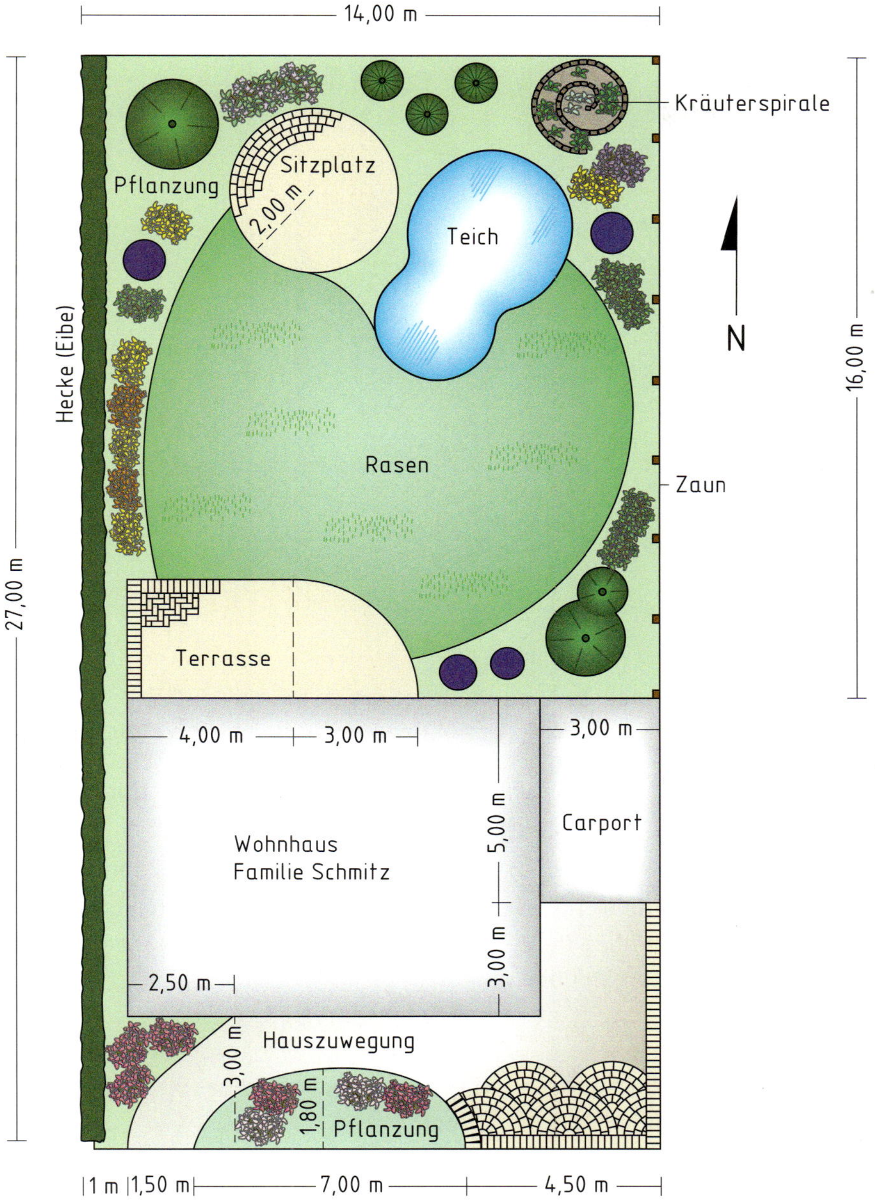

Dipl.-Ing. Maren Eden **Garten- und Landschaftsbau**	
Bauherr: Grundstück Familie Schmitz	
Objekt: Neuanlage Entwurfsplan	
Maßstab: 1:100	Datum: 25.03....

5 Übersichtsplan Garten

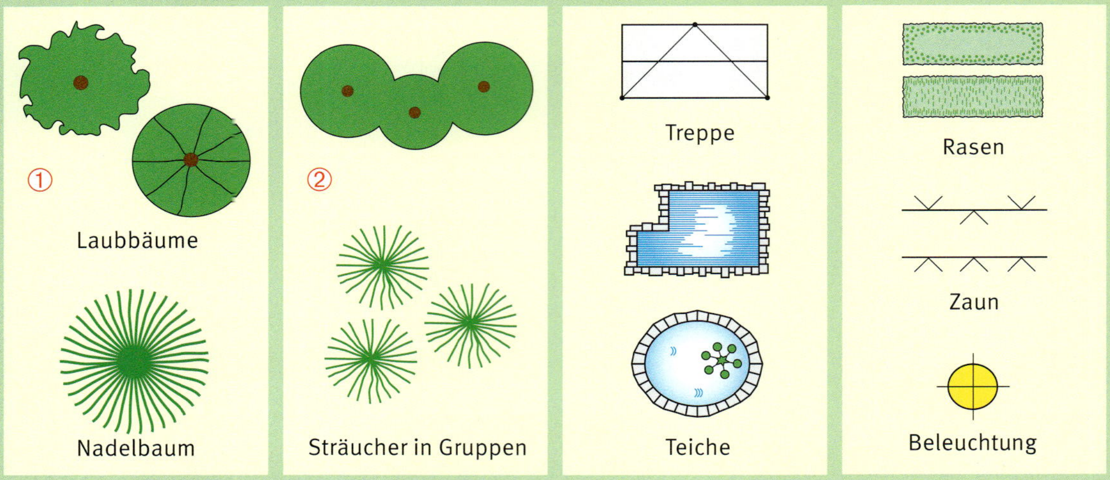

1 **Symbole in Gartenplänen**

Symbole erklären

Ein Gartenplan zeigt dem Gärtner die Baustelle in einer verkleinerten Ansicht.

Alle vorhandenen und geplanten Bauwerke und Pflanzen sind dort eingezeichnet. In der Legende des Plans werden die verschiedenen **Symbole** erklärt.

Pflanzen, Treppen, Wasserflächen, Zäune usw. sind mit entsprechenden Symbolen gekennzeichnet 1.

Symbole sind einfache Bilder, die Bauwerke und Pflanzen in einem Plan darstellen.

Außerdem enthält der Gartenplan noch einen Plankopf. Er gibt Auskunft über:

- Bezeichnung der Baustelle, Kunde,
- Datum,
- Maßstab und
- Nordpfeil.

Bäume und Sträucher werden z. B. als Kreis dargestellt. Bäume haben in der Mitte einen Punkt, der den Stamm abbildet ①, ②.

Die Größe der Kreise entspricht der Wuchsbreite oder dem Kronendurchmesser. So werden zu geringe Pflanzenabstände vermieden.

Flächige Bepflanzungen wie Bodendecker werden schraffiert gezeichnet. Einzelne Pflanzen, insbesondere Stauden und Sommerblumen, werden als Kreis, Dreieck oder Sternchen gezeichnet.

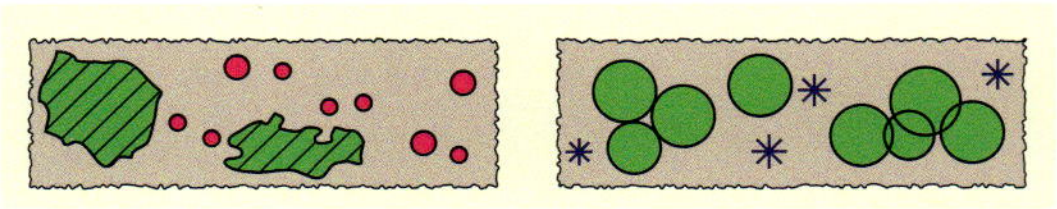

Geschnittene Hecken werden gemäß ihrer Wuchsbreite mit folgenden Symbolen dargestellt.

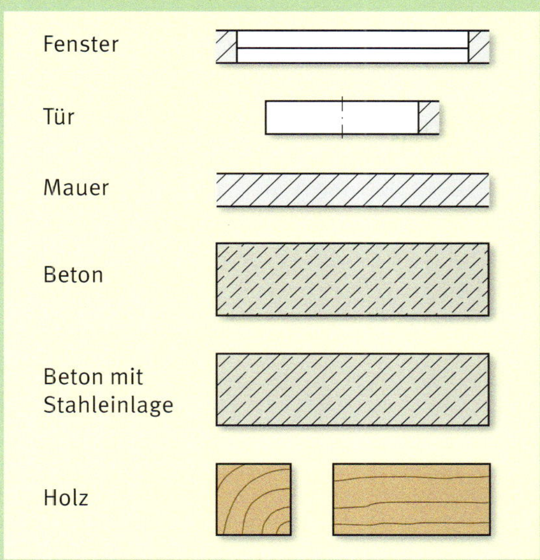

2 Symbole Gebäude

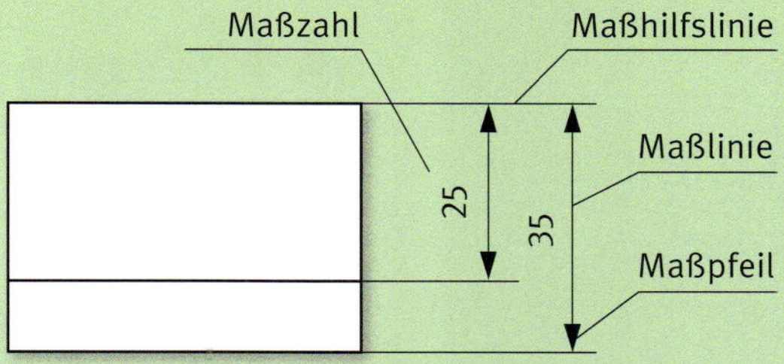

3 Bemaßung eines Bauwerkes

AUFGABE

Berechnen Sie die fehlenden Maße zu den folgenden Maßstabsangaben:

Maßstab	Plan (cm)	Garten (cm)
1:100	7	
1:50		600
1:20	2	

Plan lesen

Einzelne Bestandteile von Gebäuden, wie Mauern, Fenster und Türen, werden grundsätzlich einheitlich gezeichnet 2.

Bei Wegen und Sitzflächen werden die verschiedenen Verlegemuster gezeichnet. So bekommt der Kunde eine Vorstellung von der späteren Fläche.

Alle Bauteile werden exakt gezeichnet. Die genaue Lage des Bauwerks auf dem Plan ist für die spätere Umsetzung im Garten wichtig.

Eine maßstabsgerechte Darstellung aller Bauteile und Pflanzen gibt ihre Größe und ihre Lage in der Realität wieder.

Maßstäbe umrechnen

Die in Gartenplänen dargestellten Bauwerke müssen so bemaßt sein, dass alle Längen eindeutig abgelesen werden können.
Zur **Bemaßung** werden verwendet 3:

- Maßlinien,
- Maßhilfslinien,
- Maßpfeil und
- Maßzahlen.

Maßstäbe sind Verkleinerungen oder Vergrößerungen der Wirklichkeit. Bei einem Maßstab von 1:100 entspricht 1 cm auf einem Plan 100 cm im Garten. Eine runde Kräuterspirale von 4 m Durchmessern benötigt im Plan einen Durchmesser von 4 cm.

Detailpläne sind immer größer als der Übersichtsplan dargestellt, um die Einzelheiten besser abbilden zu können. Häufig weisen sie einen Maßstab von 1:50 auf. Ein Kantenstein mit einer Länge von 2 cm im Plan ist in Wirklichkeit 1 m lang.

1 Lagerplatz

2 Materialkiste

Baustelle einrichten

Vor dem ersten Spatenstich führt der Gärtner gemeinsam mit dem Auftraggeber eine Begehung der Baustelle durch. Dabei werden wichtige Einzelheiten zur Baustelleneinrichtung geklärt und schriftlich festgehalten.

Dazu gehören folgende Tätigkeiten:

- Zustand der Baustelle beurteilen,
- Baustellensicherung absprechen,
- Aufbau sanitärer Einrichtungen planen,
- Lagerplätze für Baustoffe auswählen,
- Strom und Wasserversorgung sichern,
- Verbleib vorhandener Vegetation klären.

Das Gelände der Baustelle muss zur Unfallverhütung und Diebstahlsicherung durch einen Bauzaun gesichert werden. Das Firmenschild am Bauzaun dient dem Gärtner als Werbefläche und ist gleichzeitig die Lieferadresse.

Der Chef sorgt für die Bereitstellung sanitärer Anlagen und einen Platz für die Mittagspause. Materialien und Pflanzen werden im Büro aufgelistet, bestellt und zeitnah auf die Baustelle geliefert.

Maschinen und Werkzeuge werden, soweit möglich, auf der Baustelle gelagert 1. Kleinwerkzeuge werden in Werkzeugcontainern aufbewahrt 2.

Lagerplätze sind gut zugänglich für Gärtner und Zulieferer auszuwählen. Sie dürfen die Bauarbeiten nicht behindern. Zudem sollten sie bei jeder Witterung erreichbar sein.

Nach der zeitlichen Abfolge der Bauarbeiten werden die Baustoffe auf dem Lagerplatz angeordnet.

Für Arbeiten wie Beton mischen, Steine zuschneiden oder Pflanzen wässern sind Strom- und Wasseranschlüsse notwendig.

Pflanzen, die im Garten belassen werden, müssen vor Verletzungen im Rahmen der Bauarbeiten geschützt werden.

3 Sicherheitsleuchte

4 Flatterband

5 Bake

Baustelle sichern

Vor Baubeginn erkundigt sich der Gärtner nach der Lage der Versorgungsleitungen. Auskünfte darüber erteilt der Kunde oder der zuständige Versorger wie z. B. Wasser- oder Gaswerke.

Erst wenn die genaue Lage der Versorgungsleitungen bekannt ist, können die Bauarbeiten beginnen.

Bei Ausschachtungsarbeiten, z. B. für einen Teich oder einen Carport, muss der Boden auf seine Eigenschaften hin überprüft werden. Eigenschaften des Baugrunds sind:

- Tragfähigkeit,
- Frostbeständigkeit,
- Verdichtungen und
- Verunreinigungen.

Fehlende Tragfähigkeit, mangelnde Verdichtung und zu geringe Frostbeständigkeit können unter bestimmten Umständen zum Absacken des Bauwerks führen.

Größere Maschinen oder Bauschuttcontainer können auch auf der Straße aufgestellt werden. Für die Nutzung öffentlicher Plätze und Wege ist jedoch Folgendes zu beachten:

- die Genehmigung der Stadt,
- die Kennzeichnung mit Leuchten 3 und
- Markierung mit rot-weißem Flatterband 4 und Sicherung mit **Baken** 5.

AUFGABE

1. Anhand des Gartenplanes auf Seite 69 erfolgt eine Baustellenbegehung. Listen Sie fünf Dinge auf, die bei der Begehung zu berücksichtigen sind.
2. Beschreiben Sie, welche Tätigkeiten für die Einrichtung der Baustelle nötig sind.
3. Woher bezieht der Gärtner Informationen über die Lage der Versorgungsleitungen (Gas, Wasser, Strom, Telefon)?

1 Stubbenfräse

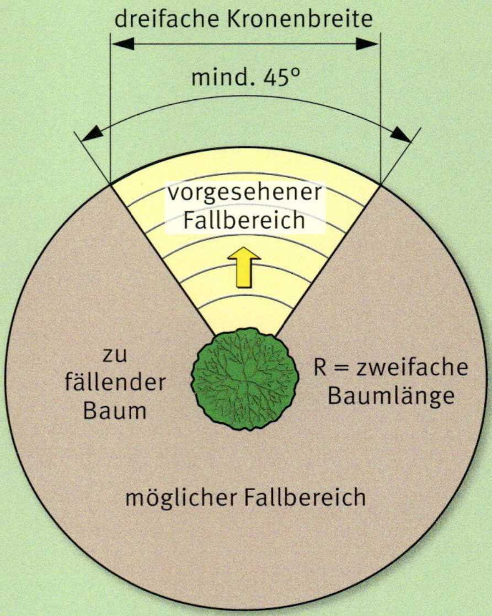

2 Absicherung des Fällbereichs

Vegetation schützen

Neben schützenswerten Pflanzen gibt es auch solche, die den Bauablauf stören oder entsorgt werden sollen. Sie werden mit allen Wurzeln entfernt. Diesen Vorgang nennt man **Roden**.

Fällarbeiten mit der Motorsäge dürfen nur von Fachleuten mit Motorsägenschein ausgeführt werden. Zum Entfernen von tiefem Wurzelwerk wird eine Stubbenfräse eingesetzt 1 .

! Alle Mitarbeiter, die sich im Gefahrenbereich aufhalten, müssen besonders aufmerksam sein 2 .

Erhaltenswerte kleinere Pflanzen, wie z. B. Stauden, Kleinsträucher und junge Pflanzen, die den Bauablauf stören, werden fachgerecht entnommen und zwischengelagert.

Äste von Baumkronen sowie Stamm und Wurzeln müssen vor der Beschädigung durch Baufahrzeuge geschützt werden 3 .

Kronenschutz

Um Großgehölze, die nicht verpflanzt werden, vor Schäden zu schützen, werden folgende Maßnahmen ergriffen:

- Zum Schutz der Krone wird im Abstand von 1,50 m ein Bauzaun gesetzt. Gemessen wird vom äußersten Zweig der Krone. Diese Maßnahme schützt Stamm und Wurzeln.
- Bei jungen und mittelgroßen Bäumen wird die Krone mithilfe spezieller Bänder hochgebunden.
- Äste können um zwei Drittel eingekürzt werden, um so die Krone zu verkleinern.

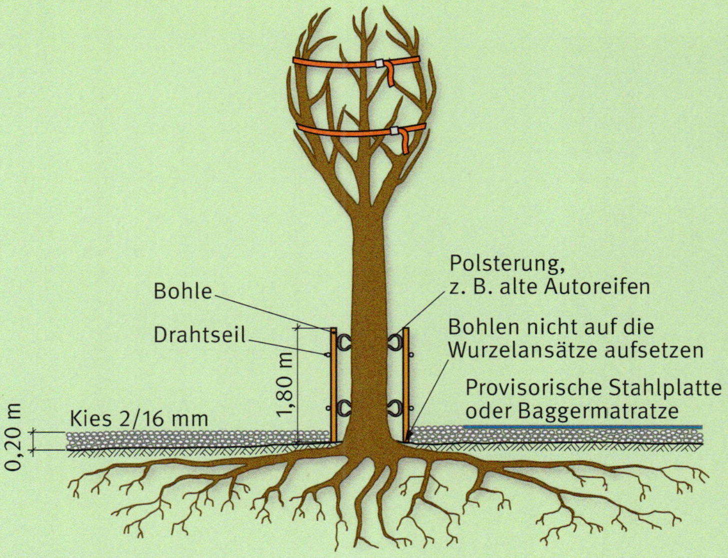

3 **Vegetationssicherung**

AUFGABE

1. Ein alter Flieder, der 3 m hoch ist, soll gerodet werden. Beschreiben Sie Ihre Vorgehensweise.
2. Ein Kirschbaum mit 5 m breiter Krone befindet sich auf dem Grundstück. Beschreiben Sie drei Möglichkeiten, diesen Baum während der Bauphase zu schützen.

Stammschutz

Um Verletzungen der Rinde zu verhindern, bekommt der Stamm ein Polster. Es muss mindestens eine Höhe von 1,80 m haben.

Zur Polsterung lassen sich verwenden:

- Dränagerohre,
- Holzbretter oder
- alte Autoreifen.

Wurzelschutz

Um Verdichtungen des Bodens zu vermeiden, muss die Bodenoberfläche geschützt werden. Eine gleichmäßige Lastenverteilung verhindert die Verdichtung, die zum Absterben der Pflanzenwurzeln führen kann.

Dies geschieht durch:

- Auflage einer 20 cm starken Kiesschicht,
- Verlegen von 15 cm Baggermatratzen/ Panzermatten.

1 Teich

2 Zonen eines Gartenteiches

3.2 Projekte im Garten umsetzen

Ein **Teich** ist ein Blickfang und holt zusätzlich ein Stück Natur in den Garten. Beim Anlegen eines Teichs ist einiges zu bedenken. Er sollte:

- am tiefsten Punkt des Geländes liegen,
- 4–6 Stunden Sonne bekommen,
- mindestens 5 m^2 Oberfläche haben,
- nicht unter großen Laubbäumen liegen.

Die Gartengröße und der Kundenwunsch bestimmen maßgeblich die Teichgröße. An der tiefsten Stelle sollte der Teich mindestens 80 cm sein, damit Tiere im Winter darin überleben können.

Je größer der Teich ist, desto besser kann das Zusammenspiel von Wasser, Tieren und Pflanzen funktionieren.

Gartenteiche können aus Fertigbecken, Ton oder Folie erstellt werden.

Folien aus Kunststoff oder Kautschuk ermöglichen eine flexible und günstige Gestaltung der Teichform 3.

Einfache Rund- oder Ovalformen des Teiches erleichtern die Ausschachtungsarbeiten und die Verlegung der Folie.

Teiche haben verschiedene Tiefenzonen, die stufig angelegt werden (2, Tab. 1).

Tab. 1: Tiefenzonen des Teiches

Sumpf 0–30 cm	• pflanzenreichste Zone • Kinderstube für Insekten und Fische • Ausstieg für Tiere
Flachwasser 30–50 cm	• Lebensraum für Wasserpflanzen
Tiefwasser 50–120 cm	• frostfreie Überwinterungszone für Fische und Amphibien • natürliche „Umwälzpumpe" für das Teichwasser

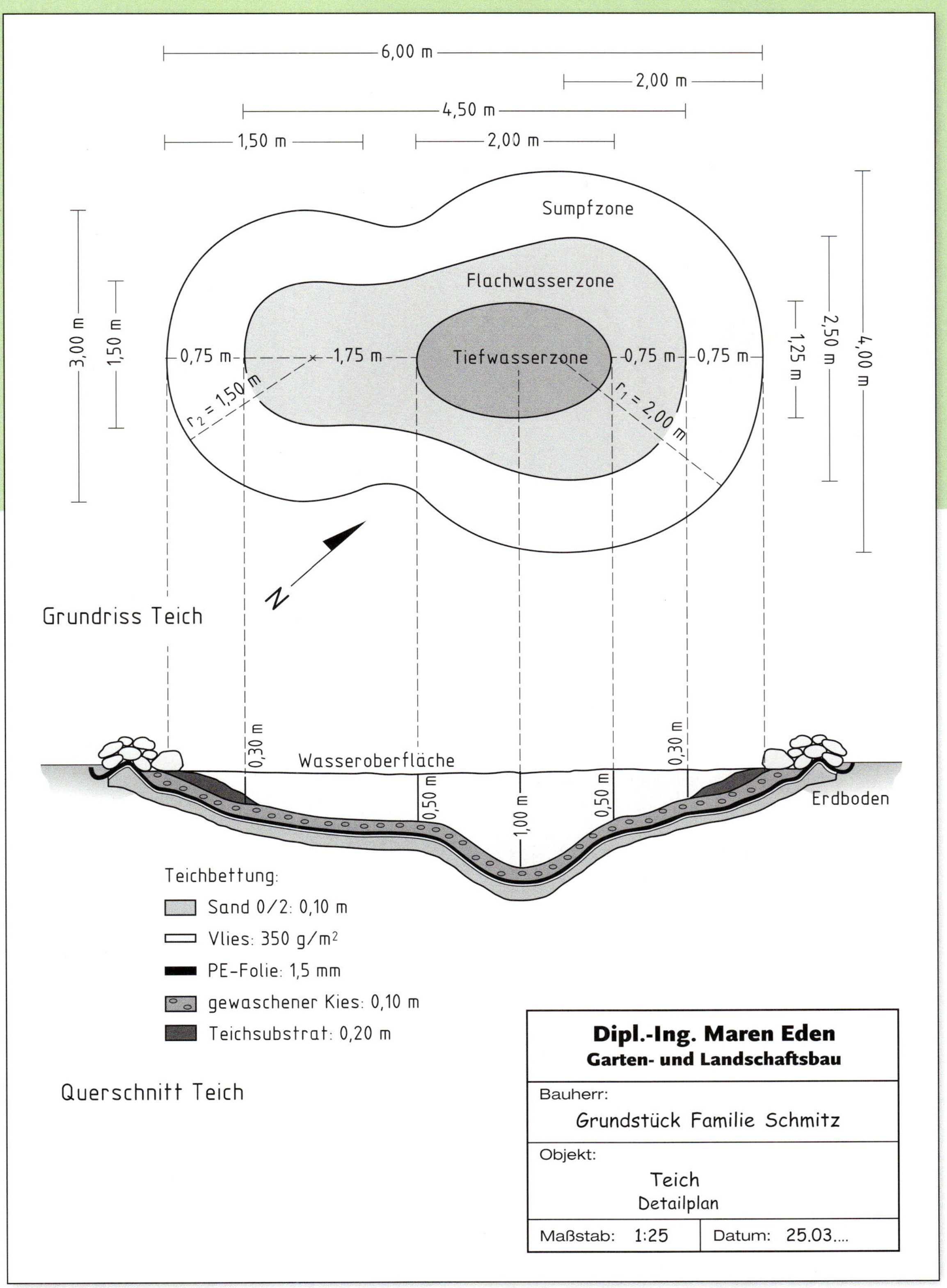

3 Detailplan Teich

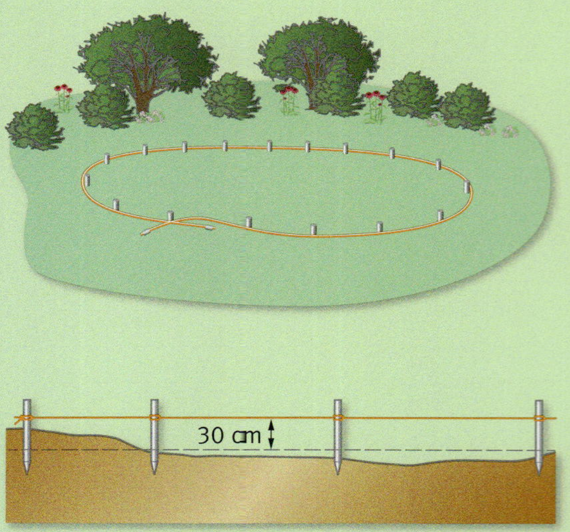

1 Markierung Teich

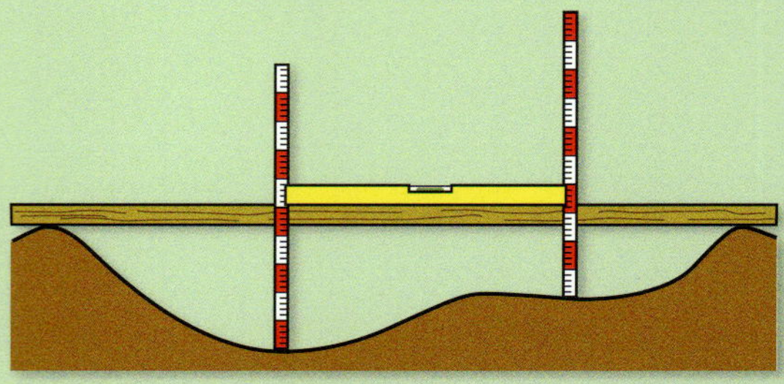

2 Höhenkontrolle

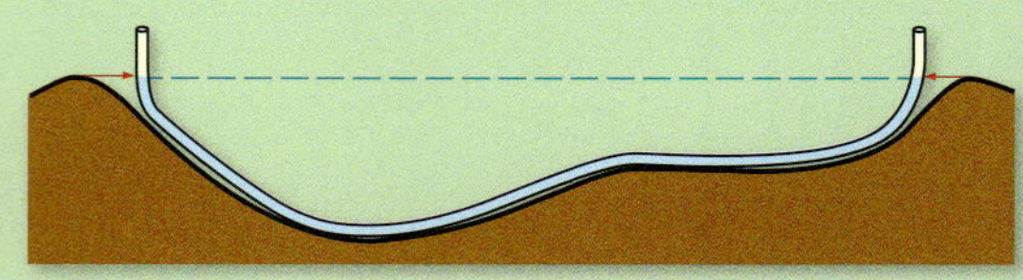

3 Schlauchwaage

Teich bauen

Der Bau des Teiches gliedert sich in folgende Arbeitsschritte:

Teichgrube auskoffern

↓

Sand/Vlies einbauen und Folie auslegen

↓

Kies und Substrat aufbringen

↓

Wasser schrittweise einfüllen

↓

Rand befestigen

↓

Wasserpflanzen einsetzen

Nach dem Einmessen wird der Teichumriss mit Schnurnägeln auf den Garten übertragen. Sie werden mit einer Schnur verbunden 1. Der Aushub ist tiefer als die angestrebte Wassertiefe. Aufschläge werden eingeplant für:

- 10 cm starke Sandschicht,
- 20 cm Bodengrund/Substrat,
- 10 cm Abstand zur Uferhöhe.

Der Grobaushub kann von Hand oder mit dem Minibagger erfolgen. Begonnen wird in der Mitte des Teiches, hin zu den Ufern.

! Ober- und Unterboden trennen. Für ungestörtes Arbeiten den Boden zwei Meter entfernt von der Teichgrube lagern.

Um die Teichtiefen zu kontrollieren, wird eine Schnur von einem Schnurnagel zum anderen in Höhe des Wasserspiegels gespannt 2. Damit der Teichrand waagerecht liegt und kein Wasser ausläuft, muss er mittels einer **Schlauchwaage** oder eines **Nivelliergeräts** überprüft werden 3.

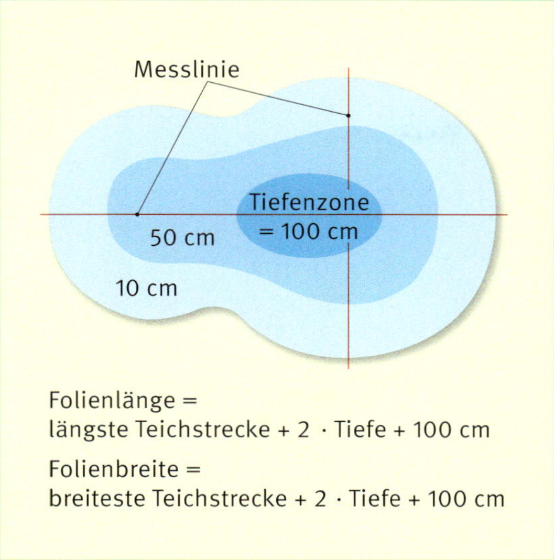

4 Faustformel zur Folienberechnung

5 Aufbau des Teichs

Ist der Grobaushub beendet, wird der Untergrund geglättet und zur endgültigen Form modelliert ①. Das erfolgt in Stufen, damit Erde und Pflanzen später einen guten Halt haben.

Undichtigkeiten der Folie werden verhindert, indem man scharfkantige Gegenstände, spitze Steine und Wurzeln vorher entfernt.

Als Puffer zwischen Boden und Teichfolie wird eine 10 cm starke Sandschicht aufgebracht ②. Zusätzlich kann bei steinigem Untergrund auch ein starkes Vlies verlegt werden (5, ③).

Die Größe der Folie berechnet sich aus der längsten und der breitesten Teichstrecke. Dabei für die Randbefestigung jeweils 50 cm aufschlagen 4. Die Stärke der Folie muss mindestens 1 mm betragen ④.

Folie bei warmer Witterung verlegen, weil Kunststoffe bei Wärme flexibler und biegsamer sind.

Als Substrat und Folienschutz wird Kies ca. 10 cm stark in die Flachwasser- und Tiefenzone gefüllt ⑤. Es sollte gewaschener Kies sein, damit das Teichwasser nicht trübe wird 5.

Den Teich zu einem Drittel mit Wasser füllen, damit sich die Folie an das Teichprofil anschmiegt und Falten verschwinden.

Um zu verhindern, dass Erde oder Pflanzen Wasser aus dem Teich saugen, wird die Folie am Rand so befestigt, dass Wasserspiegel und Ufer keinen Kontakt haben. Dies wird als **Kapillarsperre** bezeichnet ⑥.

AUFGABE

1. Ermitteln Sie die Koffertiefe für die geplanten Teichzonen unter Berücksichtigung der benötigten Zuschläge.
2. Berechnen Sie mithilfe des Detailplanes auf Seite 77 die Größe der zu bestellenden Teichfolie.

1 Pflanzen der Teichzonen

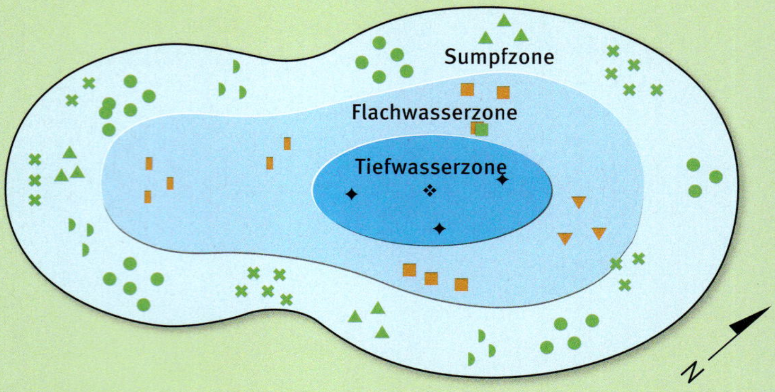

Pflanzenlegende
- ▲ Sumpfkalla
- ● Sumpfdotterblume
- ◗ Sumpfschwertlilie
- ✖ Sumpfvergissmeinnicht
- ▮ Hechtkraut
- ▼ Tannenwedel
- ■ Froschlöffel
- ❖ Seerose
- ✦ Tausendblatt

2 Pflanzplan Gartenteich

Teich bepflanzen

In der Tiefenzone beginnt die Bepflanzung (Tab. 1). Die Pflanzen werden im Korb auf den Grund gesetzt und mit Steinen beschwert. So bleiben die Pflanzenwurzeln auf dem Grund.

Bevor die Flachwasserzone nach Plan gestaltet werden kann, wird Kies aufgebracht 2.

Die Pflanzen werden in Pflanztöpfen ausgesetzt, um ihre Ausbreitung zu vermeiden.

Die Sumpfzone ist der pflanzenreichste Bereich 2. Damit der Bewuchs natürlich wirkt, werden die Pflanzen direkt in eine 10 cm starke Substratschicht gesetzt. Man setzt fünf bis sechs Pflanzen pro m^2.

! Der ausgekofferte Unterboden kann verwendet werden, weil er nährstoffarm ist und dadurch Algenbildung vermindert.

Bis zur endgültigen Wasserhöhe wird mit einem Schlauch Wasser etappenweise eingelassen.

Tab. 1: Pflanzen für den Gartenteich 1

Sumpfzone	Flachwasserzone	Tiefwasserzone
▲ **Sumpfkalla**, großblättrig, mit weißen Blüten ab Mai und roten Früchten ● **Sumpfdotterblume**, leuchtend gelb blühend von März bis April ① ◗ **Sumpfschwertlilie**, gelb oder blau blühend ab Mai ②	▮ **Hechtkraut**, blau blühend, mit pfeilförmigen Blättern ▼ **Tannenwedel**, ③ nadelförmige Wedel ■ **Froschlöffel**, schmale ovale Blätter, ab Juli zierliche, weiße Blüten	❖ **Seerose**, Schwimmblattpflanze; erhältlich in rosa, gelb, weiß und rot blühend, schwachwachsend ④ ✦ **Tausendblatt**, Unterwasserpflanze, die das Wasser reinigt

3 Algenwachstum

4 Teichkescher

5 Laubnetz

Teich pflegen

Innerhalb eines Gartenjahres fallen bei einem Teich unterschiedliche Pflegearbeiten an.

Im Frühjahr werden abgestorbenes Laub und Schlammablagerungen auf dem Teichgrund entfernt. Falls Pflanzen während des Winters eingegangen sind, werden sie ausgetauscht.

Extrem warme Sommer fördern das Algenwachstum 3. Am leichtesten ist es, die Algen regelmäßig mit einem Kescher abzufischen 4.

Ein Wasserspiel, z. B. ein Sprudelstein, belüftet das Wasser und mindert das Algenwachstum.

Um den Teich vor herabfallendem Laub im Herbst zu schützen, spannt man zum Ende des Sommers z. B. ein Laubnetz 5.

Stark wuchernde Pflanzen werden im Wasser zurückgeschnitten oder entfernt.

Nachdem der Teich einige Jahre eingewachsen ist, bildet er ein natürliches Gleichgewicht aus. Dadurch verringert sich der Pflegeaufwand.

Für den Bau eines Teiches sind das Frühjahr und der Sommer besonders geeignet, da die Temperaturen optimal zur Materialverarbeitung passen. Außerdem können die Pflanzen bis zum Winter einwurzeln.

AUFGABE

1. Ermitteln Sie mithilfe eines Pflanzenbuches die geeignete Teichzone für folgende Pflanzen:
   Wasserfeder, Blutweiderich, Kleiner Kalmus, Sumpfvergissmeinnicht, Schwanenblume, Zungenhahnenfuß, gelbe Teichmummel und Hornblatt.
2. Stellen Sie Tiere und Insekten, die sich nach dem Bau allmählich ansiedeln, in Form eines Steckbriefs vor.

1 Kräuterspirale im Garten

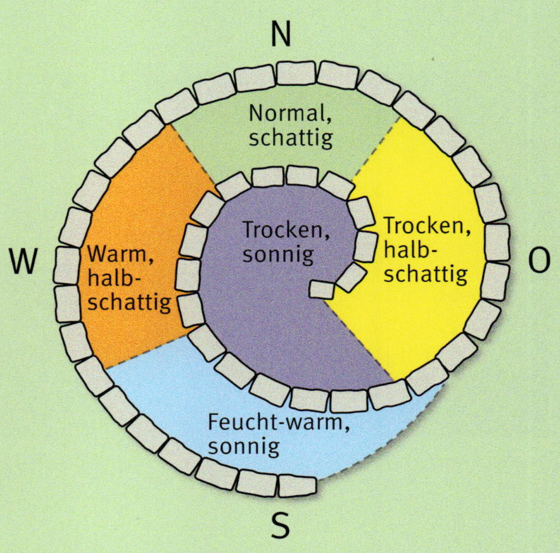

2 Pflanzenzonen der Kräuterspirale

Kräuterspirale planen

Die **Kräuterspirale** ist ein besonders geformtes Beet, das dreidimensional in Form einer Schnecke angelegt wird 1. Sie dient:

- zum Kultivieren von Gartenkräutern,
- als Unterschlupf für Gartennützlinge und
- der kreativen Gestaltung von Gärten.

Die Kräuterspirale bietet Pflanzen mit unterschiedlichen Klimabedürfnissen optimale Wachstumsbedingungen. Lichteinfall, Bodenfeuchtigkeit und Temperatur werden durch Aufbau und Art des Füllmaterials beeinflusst.

Das untere Ende der Spirale bildet eine Feuchtigkeitszone, die nach Süden ausgerichtet ist.

Die Kräuterspirale windet sich im Uhrzeigersinn aufwärts, sodass im Westen eine halbschattige, feuchtwarme **Pflanzenzone** entsteht. Weiter oben, nach Norden hin, wird der Boden trockener und es fällt weniger Sonnenlicht ein.

Der höchste Punkt der Kräuterspirale ist nach Osten geneigt und eignet sich für Pflanzen, die volle Sonneneinstrahlung und einen trockenen Standort lieben 2.

Den Rahmen der Kräuterspirale bilden Natursteine, wie sie in der Region typisch sind. Diese Steine werden in Schneckenform so aufgebaut, dass zur Mitte hin der höchste Punkt entsteht 3.

In Norddeutschland wählt man dafür Findlinge, während in anderen Gegenden Sandstein- oder Grauwackenquader üblich sind. Es gibt aber auch vorgefertigte Formen im Stil einer Gabione.

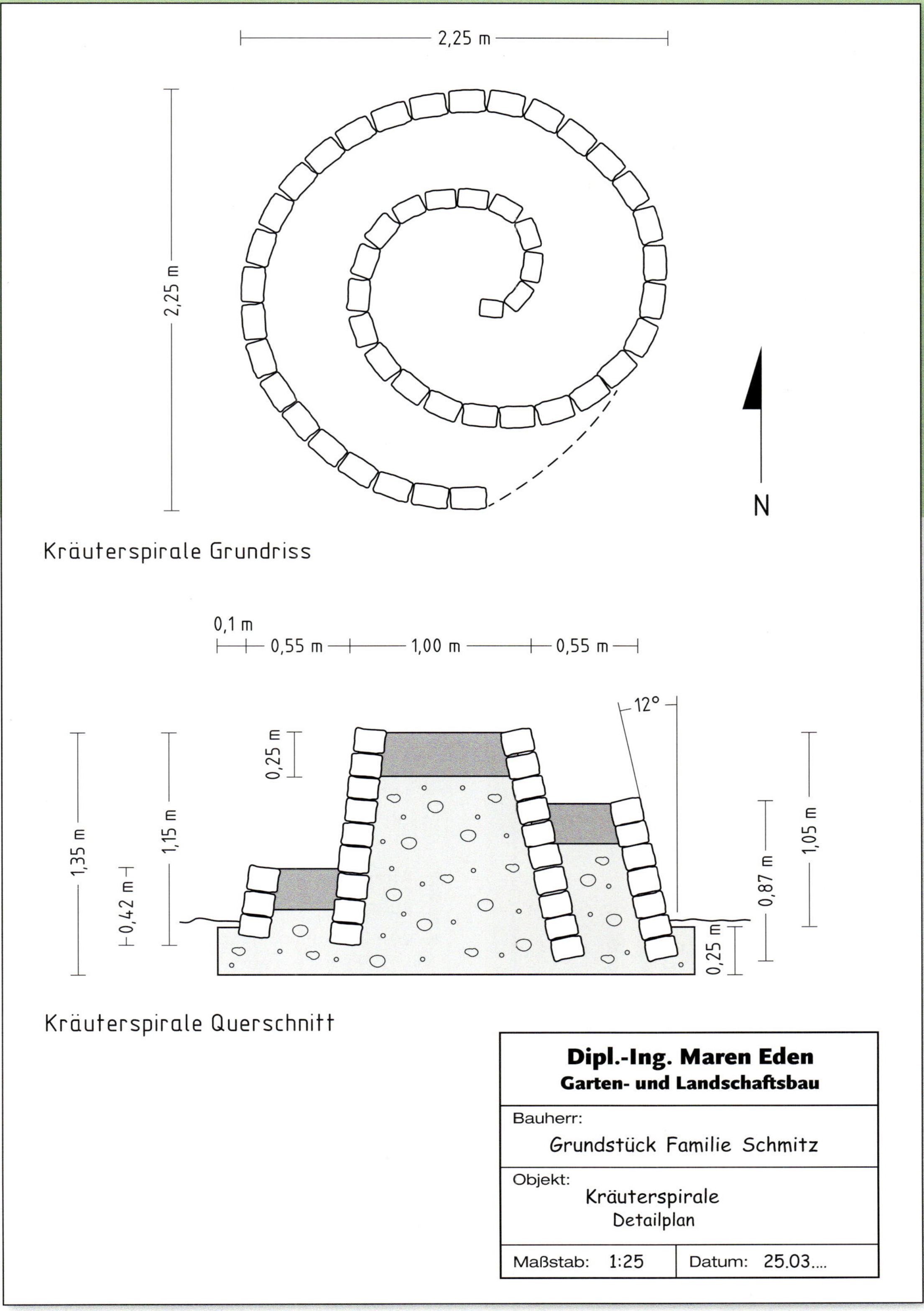

3 Detailplan einer Kräuterspirale

1 Übertragen der Maße

2 Auffüllen mit Schotter

Kräuterspirale bauen

Beim Bau einer Kräuterspirale geht man grundsätzlich in folgenden Schritten vor:

Plan anfertigen und Maße aus dem Plan auf das Gelände übertragen 1.

↓

Oberboden auskoffern, bei Bedarf sortieren.

↓

Schotterfundament einfüllen.

↓

Steine reihenweise setzen und mit Schotter und Bodenaushub hinterfüllen.

↓

Kräuter in 12 cm Pflanzerde pflanzen, andrücken und wässern.

Zuerst wird die genaue Lage der Kräuterspirale aus dem Übersichtsplan mithilfe des Maßbandes in den Garten übertragen.

Einzelheiten aus dem Detailplan können mit Schnurnägeln dargestellt werden. In den Boden eingeschlagen geben sie die Rundung der Kräuterspirale wieder.

! Alternativ kann die Form der Kräuterspirale mit einem Gartenschlauch auf den Gartenboden gelegt werden.

Als Nächstes trägt man den Boden 30 cm tief ab. Grassoden und Unkräuter werden entsorgt. Wieder zu verwendende Erde in der Nähe lagern.

Für die Feuchtigkeitszone wird die Pflanzerde mit Tonmehl angereichert, damit sie mehr Wasser speichern kann.

Der Untergrund wird mit einer 10 bis 30 cm dicken Schicht aus wasserdurchlässigem Material wie Schotter verfüllt 2.

3 Einbettung der Steine

4 Fugen versetzen

5 Pflanzerde mit Kräutern

Die Schotterschicht dient als Fundament zum Aufschichten der Steine und bewirkt gleichzeitig, dass die Bepflanzung keinen Schaden durch Staunässe nimmt.

Die ersten Steine werden entsprechend der gesteckten Rundung reihenweise ausgelegt. Damit die Steinreihe Halt bekommt, werden die Steine mit leichter Innenneigung zur Hälfte im Boden eingebettet 3.

Damit die Kräuterspirale hält, unten große Steine verwenden und alle Steine mit leichtem Gefälle einbauen.

Für eine Gesamthöhe der Kräuterspirale von 135 cm sind je nach Steingröße fünf bis sieben Steinreihen einzuplanen. Der einzelne Stein sollte nicht kleiner als 20 cm sein.

Für die Standfestigkeit die Steinreihen sofort mit Schotter oder Boden hinterfüllen. Beim Aufsetzen der nächsten Reihen die Steine versetzt einbauen. So bekommt die Trockenmauer zusätzlichen Halt 4.

Größere Fugen zwischen den Steinen werden von Insekten und kleinen Kriechtieren als Unterschlupf genutzt, können aber auch mit anspruchslosen Pflanzen bepflanzt werden.

Die oberste Schicht bildet die Pflanzerde 5. Hier kann die eingelagerte Erde wieder verwendet werden. Für die oberste trockenwarme Pflanzzone wird sie zusätzlich mit Kies abgemagert.

Damit die Pflanzen gut gedeihen können, muss die oberste Schicht aus mindestens 15 cm Pflanzerde bestehen.

AUFGABE

1. Die Kräuterspirale aus dem Detailplan hat eine Grundfläche von 4 m^2. Berechnen Sie den Bedarf an Schotter. Berücksichtigen Sie dabei die Gesamthöhe von 135 cm.
2. Wie viele Steine brauchen Sie, wenn auf 1 m^2 25 Steine verbaut werden?

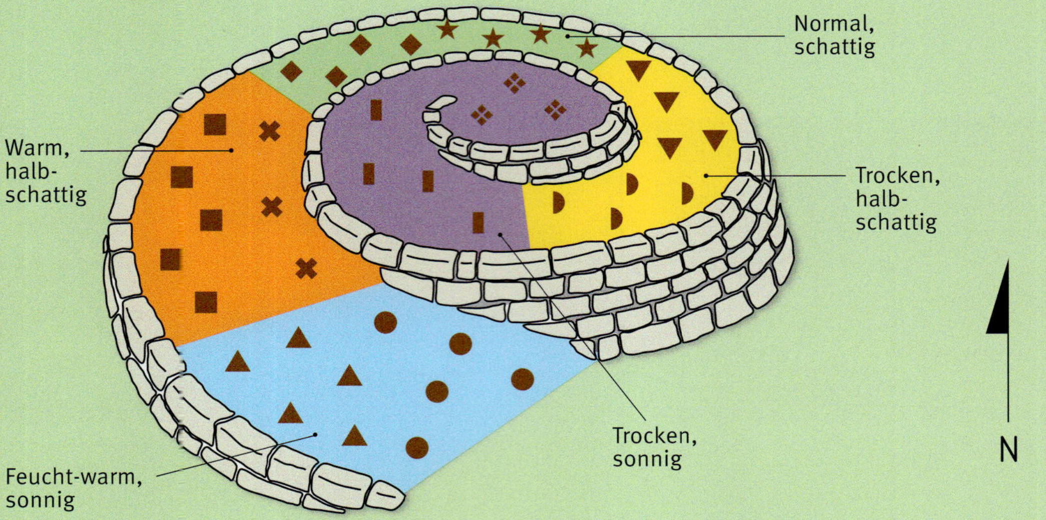

1 Pflanzplan der Kräuterspirale

Kräuterspirale bepflanzen

Familie Schmitz hat sich für ein Bepflanzen mit ganz bestimmten Kräutern auf dem neuen Beet entschieden (Tab. 1).
Wo genau sie gepflanzt werden sollen, legt der detailierte Pflanzplan fest 1.

Tab. 1: Pflanzenauswahl für die Kräuterspirale 2

Feucht-warme, sonnige Zone (Süden)	Warme, halbschattige Zone (Westen)	Normale, schattige Zone (Norden)	Trockene, halbschattige Zone (Osten)	Trockene, sonnige Zone (oben)
▲ Brunnenkresse (schmeckt nussig-würzig, für Salate) ● Wasserminze ① (schmeckt minzig, frisch, für Salate und Süßspeisen)	■ Petersilie ② (für Salate, Suppen, Kräuterquark, als Gemüsewürze) ✖ Gartenkerbel („Maggikraut“, schmeckt salzig, für Suppen und Kräuterquark)	◆ Waldmeister ③ (für Süßspeisen und in Bowle) ★ Bärlauch (schmeckt scharf und nach Knoblauch, für Kräuterquark, Suppen, Salate, als Gemüsewürze)	▼ Zitronenmelisse (schmeckt zitronig, für Süßspeisen, in Bowle und als Tee) ◗ Schnittlauch ④ (schmeckt nach Zwiebeln, für Kräuterquark, Salate, auf Pizza)	❖ Salbei ⑤ (schmeckt frisch-würzig, zu Lamm, Fisch, auf Pizza, für die mediterrane Küche) ▮ Thymian (zu Fleisch, auf Pizza, im Kräuterquark)
Weiteres Beispiel: Baldrian	Weiteres Beispiel: Pfefferminze	Weiteres Beispiel: Dill	Weitere Beispiele: Kümmel, Oregano	Weitere Beispiele: Lavendel, Rosmarin

2 Pflanzenauswahl

3 Pflegearbeiten an der Kräuterspirale

Kräuterspirale pflegen

Die richtige Auswahl und Pflanzdichte der Kräuter hält den Pflegeaufwand gering. Zu den Pflegearbeiten gehören 3 :

- Unkräuter jäten ⑥,
- Schädlingsbefall kontrollieren,
- bei starker Trockenheit wässern,
- Kräuter nachpflanzen ⑦ und
- Kräuter ernten.

Diese Arbeiten sollten bei Bedarf, mindestens aber alle zwei Wochen während der Wachstumszeit von Frühjahr bis Herbst, erfolgen.

Es können zusätzliche Arbeiten anfallen:

- Veraltete Zwergsträucher wie Lavendel oder Thymian zurückschneiden ⑧ und
- zu große Kräuter wie Pfefferminze oder Zitronenmelisse teilen und verpflanzen ⑨.

Der ideale Zeitpunkt für diese Arbeiten ist zu Beginn der Wachstumszeit im März oder April.

Gelegentlich kann es notwendig sein, verrutschte Steine neu aufzuschichten oder auszutauschen. Wenn Pflanzerde abgesackt ist, muss neue Erde aufgefüllt werden.

! Für diese Arbeiten bietet sich die Zeit der Wachstumsruhe von November bis Februar an, sofern der Boden nicht gefroren ist.

Vorher sollte man sich vergewissern, ob Tiere unter Laub oder in den Fugen überwintern.

AUFGABE

1. Zählen Sie auf, welche Steine Sie für den Bau einer Kräuterspirale verwenden können. Welche Vorteile hat die jeweilige Steinart?
2. Welchen ökologischen Nutzen hat der Bau einer Kräuterspirale?
3. Schlagen Sie die genannten Pflanzen aus der Tabelle 1 im Internet nach und erstellen Sie dazu eine bebilderte Lernkartei.

1 Begrünter Carport

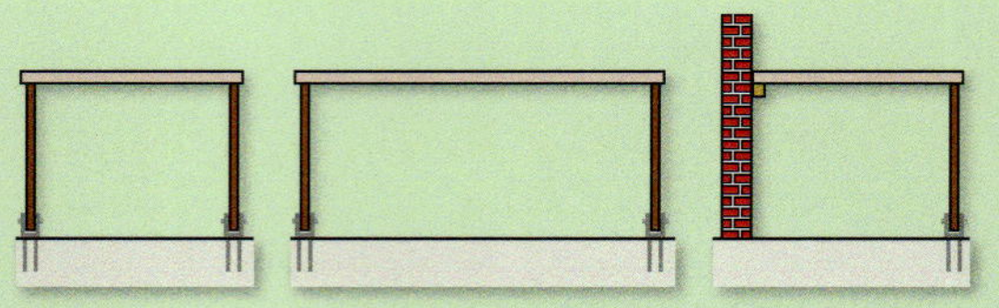

2 Carportformen

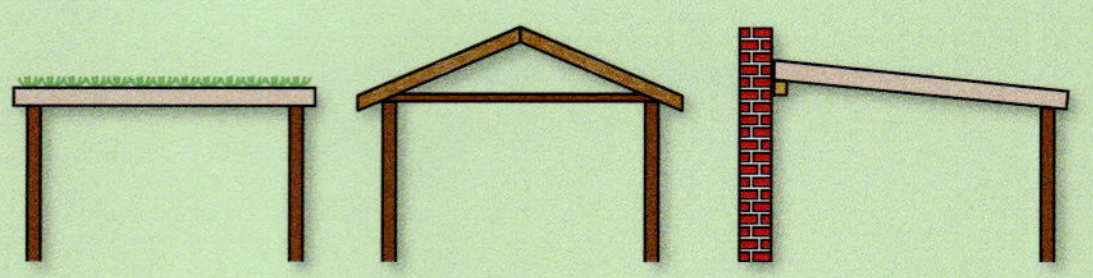

3 Dachformen Carport

Carport planen

Als Wetterschutz für Autos kommen z. B. Garagen oder Carports in Frage. Im Gegensatz zur gemauerten Garage fehlen einem Carport das Tor und meist auch die Seitenwände 1.

Der **Carport** wird meist aus Holz, seltener aus Metall gebaut. Häufig werden Lärche und Kiefer verwendet. Sowohl durch die Auswahl des Materials als auch durch die Möglichkeit, den Carport zu begrünen, passt er sich gut in den Vorgarten ein.

Im Fachhandel werden **Bausätze** angeboten, bei denen die Pfosten und die Dachpfetten in Größe und Belastbarkeit aufeinander abgestimmt sind 4.

Die Angebote von Carports sind vielfältig. Sie werden als Einzel-, Doppel- oder Anbaucarport angeboten 2. Als Dachformen stehen Flach-, Sattel- oder Pultdächer zur Auswahl 3. Das Flachdach ist die häufigste Variante, zudem lässt es sich sehr gut begrünen.

Vor dem Bau eines Carports muss der Bau beim Bauamt angezeigt oder genehmigt werden.

Ein begrünter Carport ist wie ein blütenreicher Vorgarten. Neben einer Begrünung der Seitenwände durch Kletterpflanzen kann ebenfalls das Dach begrünt werden.

! Wenn das Dach begrünt wird, steigt die einzuplanende Gewichtsbelastung von ca. 75 kg/m² auf das Doppelte.

Auf dem Dach herrschen entsprechend den Jahreszeiten extreme Bedingungen, wie z. B.:

- Hitze,
- Trockenheit,
- Staunässe,
- Frost und
- Schnee.

Hinzu kommt der knappe Wurzelraum für die Pflanzen. Entsprechend diesen Anforderungen erfolgt die Auswahl der Pflanzen.

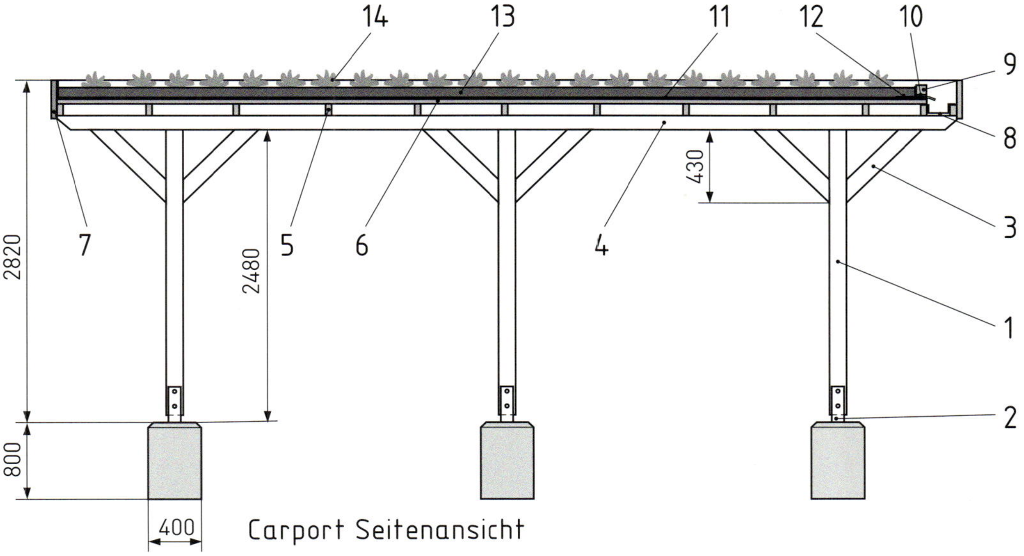

Carport Seitenansicht

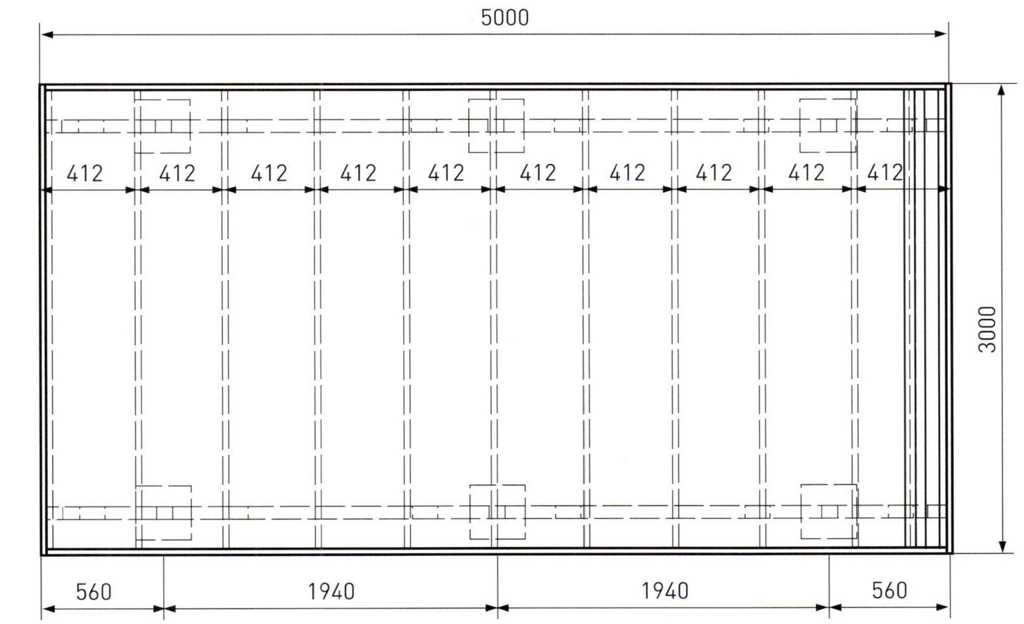

Carport Draufsicht

1 Pfosten 120x120x2500 mm
2 Pfostenschuh mit Fundament
3 Kopfband 90x90x890 mm
4 Pfette 180x60x5000 mm
5 Sparren/Reiter 200x80x2920 mm
6 Holzschalung
7 Dachblende 200x20x1000 mm
200x20x3000 mm
8 Dachrinne
9 Kantholz 90x90 mm
10 Abstandsklötzchen
11 Bitumenbahnen 1,2 mm
12 Kiesstreifen 20 cm
13 Pflanzgranulat
14 Pflanzen

Dipl.-Ing. Maren Eden **Garten- und Landschaftsbau**	
Bauherr: Grundstück Familie Schmitz	
Objekt: Carport mit Begrünung Detailplan	
Maßstab: 1:25	Datum: 25.03....

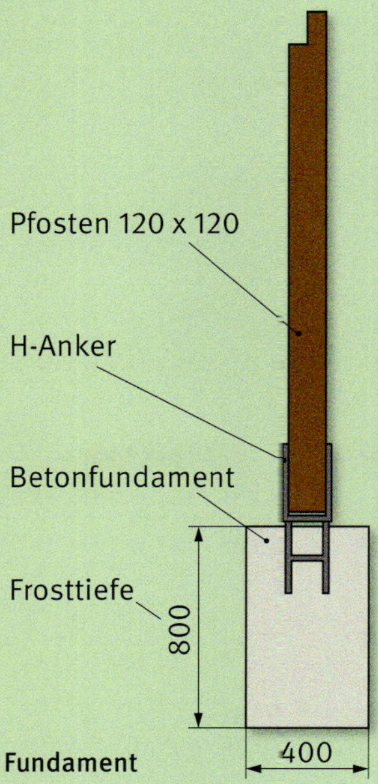

1 Carport Fundament

2 Holzverbindung

3 Kopfband

Carport aufbauen

Der Bauplatz für den Carport muss eben sein, damit Pfosten und Tragbalken passgenau sind und sich später nicht verziehen.

Vor Baubeginn wird die Stückliste des Bausatzes auf Vollständigkeit geprüft. Sind alle Bauteile vorhanden, beginnt das sorgfältige Einmessen und Ausschachten der Pfostenlöcher im vorgegebenen Abstand.

Die Fundamentlöcher werden frostfrei 80 cm tief in einer Größe von 40 cm x 40 cm ausgehoben 1. Für das Betonieren der **Pfostenschuhe** wird Beton angemischt.

Damit die Pfostenschuhe sich gut ausrichten lassen, darf der Beton nur erdfeucht sein.

Die Pfostenschuhe werden mit 5 cm Bodenabstand eingesetzt. Der Beton wird eingefüllt und verdichtet und dabei der Pfostenschuh lotrecht ausgerichtet.

Die Höhe der Fundamente bestimmt auch das Gefälle der Dachkonstruktion. Es ist mindestens ein Gefälle von einem Prozent nötig, damit das Regenwasser ablaufen kann.

Bevor die Pfosten verschraubt werden, muss der Beton ausreichend ausgehärtet sein. Mithilfe der Wasserwaage werden die Pfosten lotrecht ausgerichtet und verschraubt. Dabei zum Holzschutz ein Bodenabstand von mindestens 5 cm einhalten.

Je nach Bausatz können die **Tragbalken** mit unterschiedlichen Holzverbindungen auf die Pfosten montiert werden, wie z. B. Steckverbindungen 2. Dazu werden die Tragbalken waagerecht in Aussparungen der Pfosten gelegt und verbunden.

Winkeleisen dienen als Verbindung von Pfosten und Tragbalken.

Kopfbänder werden zwischen Pfosten und Tragbalken montiert, sie bringen zusätzliche Stabilität an den Ecken 3.

4 Schalung mit Blendbrettern

5 Folie verlegen

Pfosten und Balken dienen als tragende Konstruktion für den Dachaufbau. Auf die Dachbalken werden **Sparren** gelegt. Sie tragen die Dachhaut. Dabei werden der vorderste und der hinterste Dachsparren bündig mit den Außenkanten der Tragbalken verschraubt.

Werden die Sparren vorgebohrt, geht die anschließende Verschraubung leichter von der Hand.

Für den Aufbau einer **Dachbegrünung** ist eine Schalung erforderlich. Sie dient den Pflanzen als Auflagefläche. Arbeitsschritte sind:

- Profilbretter oder Bleche auflegen, ausrichten und festschrauben,
- Bohrung in die Verschalung sägen, für den Ablauf zur Entwässerung.

Damit der Begrünungsaufbau an den Rändern Halt bekommt und optisch verdeckt ist, werden **Blendbretter** oder **Winkelschienen** montiert. Die Blendbretter müssen mindestens eine Breite von 15 cm haben 4.

Die Holzschalung muss abgedichtet werden, damit der Carport kein Wasser durchlässt. Im Bausatz ist eine Folienabdichtung enthalten. Sie wird sorgfältig auf der Schalung verlegt 5.

Um späteres Durchregnen zu verhindern, darf die Folie beim Verlegen nicht beschädigt werden.

Für das Abführen des Niederschlagswassers muss der Ablauf mit einem Abflussrohr verbunden werden. Geeignet sind PVC-Rohre mit einem Durchmesser von ca. 100 mm.

AUFGABE

1. Skizzieren Sie einen Carport und benennen Sie die einzelnen Bauteile.
2. Berechnen Sie die notwendige Betonmenge bei sechs Pfostenlöchern.
3. Begründen Sie die Notwendigkeit der Pfostenschuhe und der Kopfbänder.

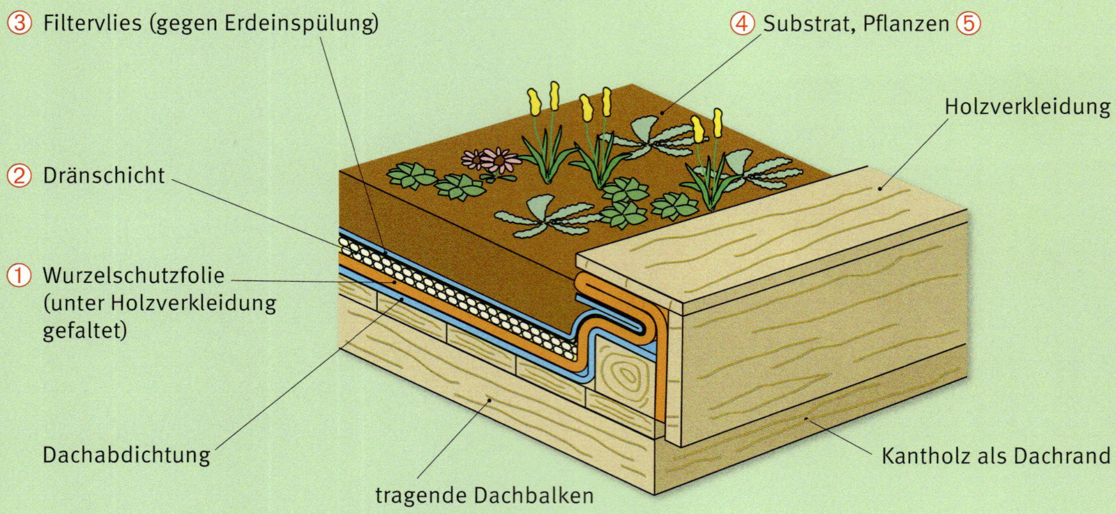

1 **Schichtenaufbau einer Carport-Begrünung**

Carport begrünen

Vor dem Aufbringen der Begrünung prüft man das Dach auf Dichtigkeit. Dies geschieht durch Anstauen mit Wasser für ca. 3 Tage. Wenn notwendig, werden undichte Stellen repariert.

Anschließend wird in Schichten gebaut 1 :

Wurzelschutzfolie einbauen
↓
Dränschicht/Dränelement aufbringen
↓
Filtervlies auslegen
↓
Substrat verteilen
↓
Pflanzen einsetzen

Die Wurzelschutzfolie aus Kunststoff trennt die Dachabdichtung von der Begrünung. Sie verhindert das Eindringen der Wurzeln in das Dach ①.

Die **Dränschicht** speichert Regenwasser. Überschüssiges Wasser gibt sie an den Ablauf ab. Sie besteht aus mineralischen Schüttstoffen wie z. B. Lava, Blähton, Blähschiefer oder aus Fertigelementen aus Kunststoff ②.

Damit Abläufe und Dränschicht nicht verstopfen, legt man vorher ein Filtervlies aus Kunststofffasern aus. Dieses hält feine Teile zurück, die durch Niederschläge aus der Substratschicht ausgewaschen werden können ③.

Das Substrat dient den Pflanzen als Wurzelraum. Im Handel werden fertige Substrate angeboten.

Sie bestehen meist aus gebrochenem Ziegelsplitt, Lava oder Bims gemischt mit etwas organischem Material. Eine Schichtstärke von 5 bis 8 cm reicht zur Bepflanzung aus ④, ⑤.

Scharfer Mauerpfeffer

Goldmoossedum

Teppichsedum

Hauswurz

Steinbrech

Thymian

2 Pflanzen für die Dachbegrünung

Für die Dachbegrünung werden Pflanzen verwendet, die an trockene Standorte gewöhnt sind 2. Sie werden im Topfballen mit einem Durchmesser von 4 cm angeboten.

Arten der Fetthenne können auch als Pflanzenstücke verteilt werden. Sie bilden dort schnell und leicht Wurzeln aus.

Für eine dauerhaft dichte Begrünung werden viele verschiedene Stauden ausgewählt:

- Scharfer Mauerpfeffer,
- Goldmoossedum,
- Teppichsedum,
- Hauswurz,
- Steinbrech,
- Thymian.

Sie blühen in unterschiedlichen Farben, von weiß über gelb bis rot, von Mai bis September. Pro Quadratmeter genügen ca. 20 Pflanzen oder 50 Sprossen.

Aus Brandschutzgründen ist ein pflanzenfreier Streifen zum Dachrand von 20 cm Breite einzuhalten. Dieser wird mit Ziegelsplitt oder Kies bedeckt.

Bis zum Einwurzeln der Pflanzen werden sie bei Trockenheit gewässert. Danach ist ein begrüntes Dach sehr pflegeleicht. Die Arbeiten beschränken sich auf:

- Entfernen von Unkräutern und Gehölzsämlingen,
- Düngung in Höhe von 5 g Stickstoff pro m^2 und Jahr,
- Kontrolle der Wasserabläufe.

AUFGABE

1. Berechnen Sie die notwendigen Substrat- und Pflanzmengen für den geplanten Carport.
2. Erstellen Sie für die genannten Pflanzen einen Steckbrief mit Hinweisen zur Wuchshöhe, Wuchsstärke und zu den Blüten.

1 Pflegeabstand eines Zaunes

Tab. 1: Größen der Zaunelemente

Pfosten	Zaunfelder
1,00 m	100 x 180 cm
1,50 m	120 x 180 cm
2,00 m	140 x 180 cm
2,50 m	160 x 180 cm 180 x 180 cm
Als Rechteck- oder Rundrohr	180 x 200 cm 180 x 250 cm

Zaun ziehen

Zäune dienen der Begrenzung von Grundstücken. Sie bestehen aus Pfosten und Zaunelementen. Bei den Metallzäunen kann der Kunde wählen zwischen:

- schmiedeeisernen Zäunen,
- Maschendrahtzäunen oder
- Stabgitterzäunen.

Bevor ein Zaun gezogen wird, müssen bestimmte Grundlagen berücksichtigt werden. Der Bebauungsplan der Gemeinde gibt z. B. vor, ob ein Zaun gezogen werden darf und welche Höhe er nicht überschreiten darf.

Außerdem muss der Zaun immer auf dem eigenen Grundstück stehen. Er darf nicht auf das Grundstück des Nachbarn übergreifen.

Bei der Montage des Zauns ist darauf zu achten, dass die Zaunelemente entweder zwischen den Pfosten eingepasst oder außen vor die Pfosten angebracht werden.

Für Pflegemaßnahmen muss der Zaun von allen Seiten zugänglich sein. Wächst vor dem Zaun eine Hecke, sollte zwischen Zaun und Pflanzen eine Arbeitsbreite von mindestens 30 cm freigeschnitten sein 1.

Je nach Bedarf sind die Pfosten im Handel in unterschiedlichen Längen erhältlich. Die Zaunfelder werden meistens in Größenabständen von 20 cm angeboten (Tab. 1). Verschiedene Sonderanfertigungen werden gegen Aufpreis hergestellt.

Beim Zaunbau sind sowohl das Setzen der Pfosten als auch die Montage der Zaunfelder Handarbeit. Für diese Arbeit sind immer zwei bis drei Arbeitskräfte notwendig.

Für das Setzen eines Zauns braucht man pro Meter ca. 30 bis 45 Minuten – ohne das Aushärten der Betonfundamente.

Diese Faustregel umfasst das Ausheben der Fundamtlöcher, das Einbauen der Pfosten und die Montage der Zaunfelder 2.

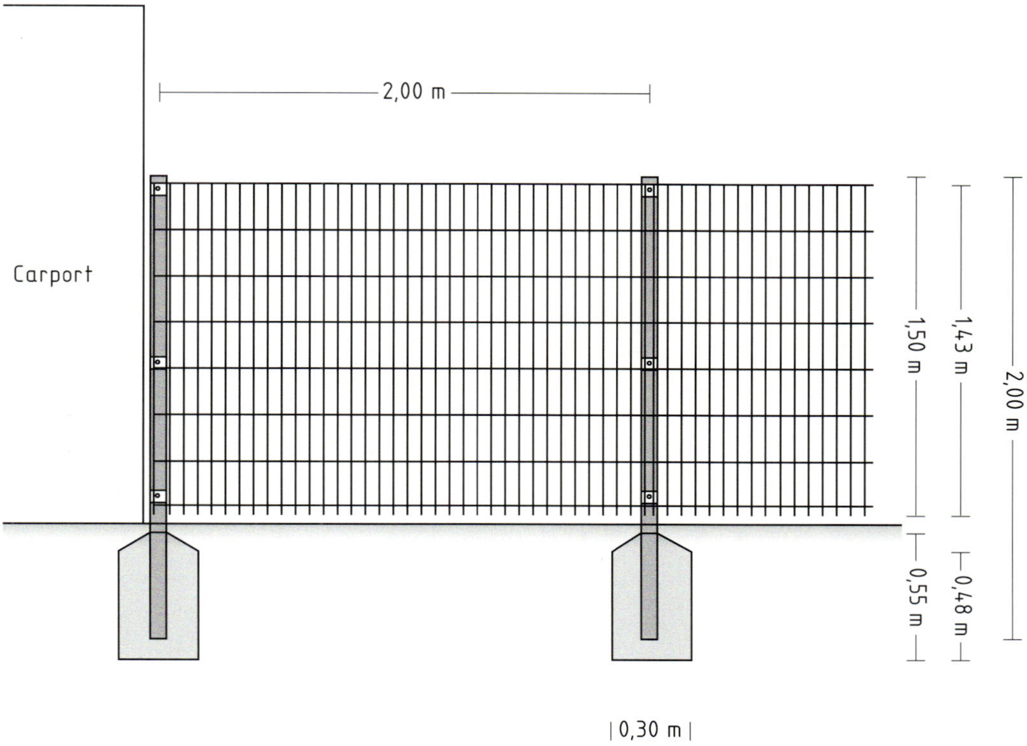

Seitenriss Doppelstabmattenzaun

Pfostenfundament: 30 / 30 / 55 cm
Zaunpfosten: Rechteckrohr 50 / 50 / 200 mm
Doppelstabmatten: 1430 / 2000 mm ⌀8 mm
Maschenweite: 50 / 200 mm

Dipl.-Ing. Maren Eden
Garten- und Landschaftsbau

Bauherr:
Grundstück Familie Schmitz

Objekt:
Doppelstabmattenzaun
Detailplan

Maßstab: 1:25	Datum: 25.03....

2 Detailplan Zaunbau

1 Zaun einfluchten

2 Fundamentlöcher ausheben

3 Fundamente anschrägen

Zaun errichten

Die Arbeit beginnt mit dem Übertragen der Endpfosten aus dem Übersichtsplan in den Garten. Sie werden durch Schnurnägel markiert und mit einer Schnur verbunden 1. Das stellt sicher, dass der Zaun gerade steht.

Die Fundamentlöcher für die Endpfosten werden ausgehoben 2. Die Tiefe wird durch die Höhe des Zaunes festgelegt. Der Pfosten muss zu einem Drittel seiner Länge eingesenkt werden.

Bei einer Zaunhöhe von 1,20 m ist das Fundament deshalb 40 cm tief und 30 x 30 cm breit.

Die Pfosten müssen ein Drittel länger sein als die Höhe der Zaunfelder, damit sie tief genug im Boden verankert sind.

Die Pfosten werden senkrecht in die Mitte des Fundamentloches gestellt und mit steifem Beton aus Kiessand 0/3 und Portlandzement eingebettet. Den Beton unbedingt feststampfen.

Die oberen Ränder der Pfostenfundamente mit der Kelle abschrägen, damit Regenwasser gut ablaufen kann 3.

Anschließend werden die übrigen sieben Pfosten zwischen die Endpunkte gleichmäßig eingemessen und auf die gleiche Art einbetoniert.

Bis zum vollständigen Aushärten des Betons muss die Position des Pfostens mehrfach mit einer Wasserwaage kontrolliert und gegebenenfalls korrigiert werden.

Die Fundamente müssen mindestens zwei Tage aushärten, bevor die Zaunelemente montiert werden können, da sonst die Pfosten schief stehen.

Genaues Einmessen ist unbedingt notwendig, da die Zaunelemente und die Befestigungsbeschläge genormt sind.

Ist der Beton fest, werden die Fundamentlöcher mit der ausgehobenen Erde abgedeckt.

4 Zaunfeldmontage

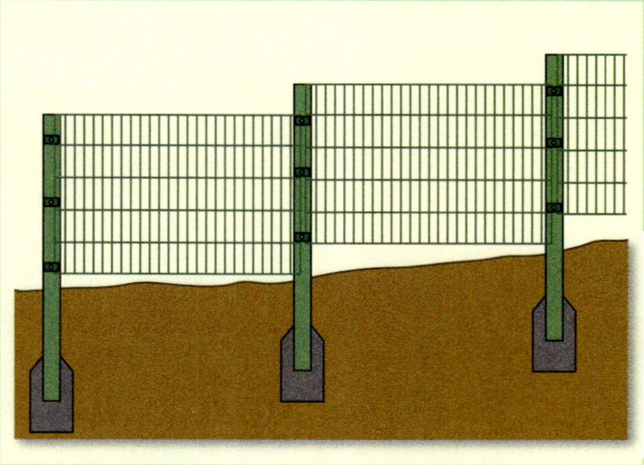

5 Zaunbau bei Gefälle

Nach dem Aushärten der Zaunpfosten werden die Fertigelemente dazwischen befestigt 4.

Dazu müssen die Zaunelemente zwischen den Pfosten eingepasst werden. Zwei Mitarbeiter halten die Doppelstabmatten in Position. Ein Dritter sorgt für die Befestigung.

Die Beschläge werden unten, mittig und oben über die Pfosten geschoben. Anschließend werden Zaunelemente und Pfosten fest miteinander verschraubt.

! Um Verletzungen zu vermeiden, müssen die spitzen Enden des Zaunfeldes zum Boden hin montiert werden.

Bei einem abschüssigen Grundstück müssen die Pfosten trotzdem senkrecht einbetoniert werden, sonst ist eine korrekte Zaunfeldmontage nicht möglich.

Um das Gefälle des Geländes aufzufangen, wird jedes Zaunfeld waagerecht und jeweils um einige Zentimeter abgestuft eingebaut 5.

Für den reibungslosen Arbeitsablauf müssen immer erst alle Pfosten gesetzt werden, bevor man mit der Zaunfeldmontage beginnt:

Pfosten einmessen
↓
Pfostenlöcher ausheben
↓
Pfosten einbetonieren
↓
Zaunfeld einpassen
↓
Zaunfeld verschrauben

AUFGABE

Ermitteln Sie aus dem Detailplan, wie viel Beton Sie für die Pfosten brauchen, wenn die Fundamentlöcher die Maße 30 x 30 x 55 cm haben.

1 Ausmessen eines PKW-Stellplatzes

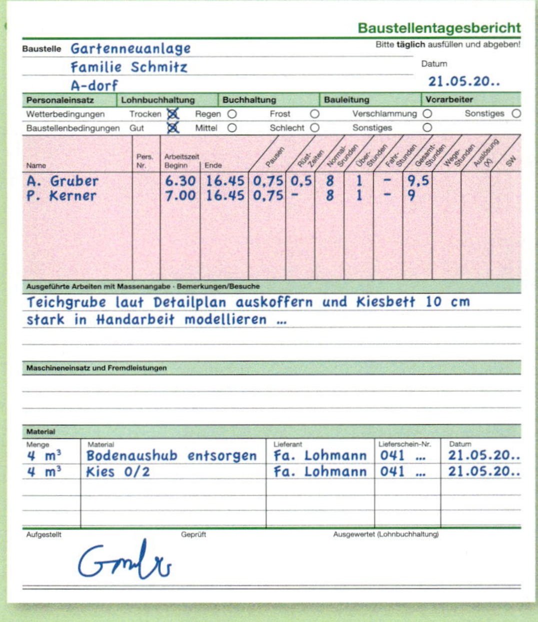

Baustellentagesbericht

Bitte **täglich** ausfüllen und abgeben!

Baustelle: Gartenneuanlage
Familie Schmitz
A-dorf

Datum: 21.05.20..

Personaleinsatz | Lohnbuchhaltung | Buchhaltung | Bauleitung | Vorarbeiter

Wetterbedingungen: Trocken ☒ Regen ○ Frost ○ Verschlammung ○ Sonstiges ○

Baustellenbedingungen: Gut ☒ Mittel ○ Schlecht ○ Sonstiges ○

Name	Pers. Nr.	Arbeitszeit Beginn	Ende	Pausen	Rüst-Zeiten	Normal-Stunden	Über-Stunden	Fahr-Stunden	Gesamt-Stunden	Wege-Stunden	Auslösung (X)	SW
A. Gruber		6.30	16.45	0,75	0,5	8	1	-	9,5			
P. Kerner		7.00	16.45	0,75	-	8	1	-	9			

Ausgeführte Arbeiten mit Massenangabe · Bemerkungen/Besuche

Teichgrube laut Detailplan auskoffern und Kiesbett 10 cm stark in Handarbeit modellieren …

Maschineneinsatz und Fremdleistungen

Material

Menge	Material	Lieferant	Lieferschein-Nr.	Datum
4 m^3	Bodenaushub entsorgen	Fa. Lohmann	041 …	21.05.20..
4 m^3	Kies 0/2	Fa. Lohmann	041 …	21.05.20..

Aufgestellt | Geprüft | Ausgewertet (Lohnbuchhaltung)

2 Baustellentagebuch

3.3 Baustelle nachbereiten

Wenn alle Arbeiten im Garten erledigt sind, muss die Baustelle nachbereitet werden. Dazu gehören:

- das Grundstück wieder herrichten,
- Aufmaß für die Abrechnung erstellen,
- Lieferscheine und Tagesberichte sammeln
- und eventuell die Bepflanzung bis zum Anwachsen pflegen.

Eine sorgfältig nachbereitete Baustelle sichert die Kundenzufriedenheit, optimiert die Arbeitsabläufe und steigert den Gewinn.

Für das **Aufmaß** müssen sämtliche Flächen, die auf der Baustelle neu entstanden sind, errechnet werden.

Dafür werden Längen und Breiten von Flächen, wie Terrassen oder PKW-Stellplätze mit dem Bandmaß gemessen 1.

Um die Größe von unregelmäßigen, gerundeten Flächen wie z. B. von Rasen oder Teich festzustellen, wird auf der Baustelle eine Messachse festgelegt.

Alle festgelegten Maße werden auf einer Skizze oder in den Übersichtsplan eingetragen. Dies geschieht vor Ort auf der Baustelle durch die Mitarbeiter.

Für das Erstellen der Rechnung wird nicht nur das Aufmaß benötigt. Zusätzlich werden alle Lieferscheine gesammelt. Verbrauchte Arbeits- und Maschinenstunden werden in einem **Baustellentagebuch** festgehalten 2.

Zum **Nachbereiten** des Gartens gehören folgende Tätigkeiten:

- Müll entsorgen und Materialreste abfahren,
- Vegetationsschutz entfernen und Pflanzen wieder einsetzen,
- Verdichtungen aufheben und beschädigte Vegetation austauschen.

Tab. 1: Flächenberechnungsformeln

Rechteck	$F = a \cdot b$ a = Länge b = Breite
Dreieck	$F = c \cdot h : 2$ c = Grundseite h = Höhe
Trapez	$F = (g + G) : 2 \cdot h$ g = obere Seite G = untere Seite h = Höhe
Kreis	$F = r \cdot r \cdot \pi$ r = Radius $\pi = 3{,}1415$
Ellipse	$F = D \cdot d \cdot \pi : 4$ D = Durchmesser Länge d = Durchmesser Breite $\pi = 3{,}1415$

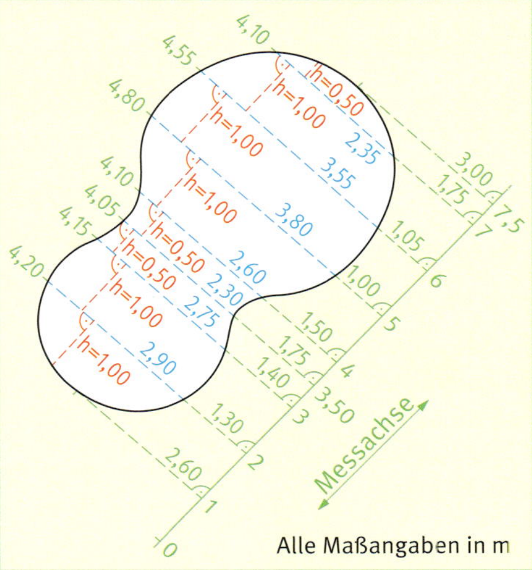

3 Berechnung der Teichfläche

Längen und Flächen aufmessen

Auf dem Grundstück der Familie Schmitz wurde ein Zaun errichtet und eine Hecke gesetzt. Zur Erstellung der Rechnung müssen die Länge des Zaunes und der Hecke gemessen werden. Als Messinstrument wird das Bandmaß verwendet.

Maßbänder sind aus Kunststoff oder Metall und in Längen bis zu 50 m erhältlich. Für ein korrektes Messergebnis ist Folgendes wichtig:

- Den Nullpunkt richtig anlegen,
- Knicke im Metallmaßband vermeiden und
- Kunststoffbänder nicht überdehnen.

Das **Maßband** muss straff gehalten werden, wenn man ein genaues Ergebnis erzielen will. Gemessene Hügel oder Senken im Gelände verfälschen das Messergebnis.

Nur wer das Maßband richtig anlegt und genau ausmisst, kann ein korrektes Aufmaß als Rechnungsgrundlage erstellen.

Für die Abrechnung müssen im ersten Schritt Flächen bestimmt werden.

Dazu werden z. B. Längen, Breiten und der Radius vom PKW-Stellplatz unter dem Carport und der Sitzfläche am Teich ausgerechnet. Dafür benötigt man die Flächenberechnungsformeln (Tab. 1).

Der neu entstandene Teich hat eine geschwungene Form, die sich nur über einen Annäherung berechnen lässt. Dazu wird eine **Messachse** an der längsten Uferseite festlegt und rechtwinklig zur Achse die Breiten erfasst 3.

Unregelmäßige und vieleckige Formen werden in einfache Teilflächen zerlegt, einzeln berechnet und dann addiert.

AUFGABE

Berechnen Sie anhand des Übersichtsplans auf Seite 69 die Flächen der Terrasse und des Sitzplatzes.

Tab. 1: Umrechnung von Volumen (m^3) in Gewicht (t)

Material	Gewicht pro m^3	Volumen pro t
Kies 0/5 erdfeucht	1,6 t	0,625 m^3
Oberboden erdfeucht	1,8 t	0,556 m^3
Splitt 2/8	1,9 t	0,526 m^3
Rindenmulch lose Ware	0,5 t	2,0 m^3
Dachsubstrat	0,7 t	1,5 m^3
Pflasterbeton C 8/10	2,5 t	0,4 m^3
Findlinge 300–400 mm	3 t	0,333 m^3

Ein Ladegewicht von 1,2 t entspricht ca. 12 Findlingen oder 2,5 m^3 Mulch.

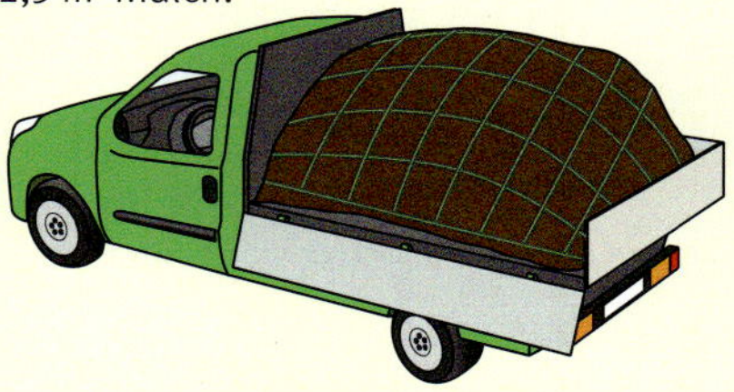

1 **Unterschied Ladegewicht und Volumen**

Volumen und Mengen berechnen

Für einige Arbeiten müssen Rauminhalte ermittelt werden.

Auf dem Grundstück der Familie Schmitz müssen z. B. die Materialmengen für den Teichbau und die Dachbegrünung berechnet werden.

Zur Berechnung des Rauminhalts wird zuerst die Grundfläche errechnet und dann mit der Höhe multipliziert.

Die Berechnung der Schichtstärken für die Dachbegrünung erfordert ebenfalls eine Volumenberechnung. Sie bestimmt, wie viel Material für die einzelnen Schichten beim Kunden abgerechnet werden kann.

Schüttgüter wie Kies, Erde oder Findlinge werden nach Gewicht abgerechnet. Außerdem ist das Ladegewicht für den Transport wichtig 1. Dafür ist eine Umrechnungstabelle von Volumen in Gewicht hilfreich (Tab. 1).

AUFGABE

1. Für die Kräuterspirale der Familie Schmitz sind 18 t Findlinge angeliefert worden. Berechnen Sie, wie viel m^3 das ausmacht.
2. Benennen Sie aus der Praxis drei Bauwerke, für die ein Volumen errechnet werden muss.
3. Wie schwer ist der Beton, der für die Pfosten von Zaun und Carport benötigt wird?
4. Wie lang ist die Heckenpflanzung auf dem Grundstück? Berechnen Sie die Pflanzenmenge, wenn pro Meter drei Heckengehölze gepflanzt werden.
5. Berechnen Sie den Bodenaushub, der beim Auskoffern der Tiefwasserzone des Teiches anfällt.
6. Wie viel Dachsubstrat wird für den Carport benötigt und wie groß ist das Gewicht dieser Menge?

2 Lagerplatz auf dem Bauhof

3 Recycling- und Pfandware

4 Restmüllentsorgung

Baustelle aufräumen

Der letzte Arbeitsgang auf der Baustelle ist die Entsorgung der **Abfälle**.

Im Sinne eines umweltschonenden Umgangs muss der Müll sortiert werden (Tab. 2).

Dabei wird unterschieden in:

- Materialien, die zur Wiederverwendung gelagert werden,
- Reststoffe, die recycelt oder an den Händler zurückgegeben werden,
- Restmüll, der nicht mehr verwendbar ist.

Tab. 2: Sortierung von Abfallstoffen

Einlagerung auf dem Bauhof 2	Recyclingstoffe und Pfandware 3	Restmüll 4
• Bodenaushub, der als Füllboden für andere Baustellen verwendet werden kann, • Lose Schüttgüter wie Kies, Splitt oder Rindenmulch, • Pflaster- und Kantensteine, die nicht beschädigt sind, • Überzählige Sackware wie Zement, Rasensaatgut oder Düngemittel, die nicht angebrochen sind.	• Ware, die zum Recyceln gesammelt wird und die der Händler zurücknehmen muss, wie Folien und Kunststoffbänder, • Ware, die mit Pfandgeld auf dem Lieferschein vermerkt wurde, z. B. Bigpacks loser Pflastersteine, Europaletten von Betonpflaster oder Pflanztöpfe und -kisten.	• Nicht mehr zu verwertende Reste von Baustoffen wie Abschnitte von Pflaster- oder Kantensteinen, Rohrleitungsabschnitte oder Betonreste, • Wurzelstöcke gerodeter Pflanzen, • Schadstoffreste wie Lacke und Lasuren des Holzschutzes oder Pflanzenschutzmittelreste. Diese Abfälle gehören in den Sondermüll.

1 Pflanzfläche düngen

2 Löwenzahn in der Dachbegrünung

Pflanzen pflegen

Für alle Aufträge im öffentlichen Bereich gilt die Baustelle erst als abgeschlossen, wenn die Pflanzen eingewachsen sind.

Für die Abnahme der Pflanzarbeiten müssen sich alle Pflanzen arttypisch und gesund entwickelt haben. Außerdem müssen sie ausreichend im Boden verwurzelt sein.

Alle notwendigen Pflegearbeiten von der Pflanzung bis zur Abnahme nennt man Fertigstellungspflege.

Wenn mit dem Auftraggeber nichts anderes vereinbart worden ist, übernimmt der Gärtner bis zu diesem Zeitpunkt alle Pflegearbeiten. Dazu gehören:

- Schnittmaßnahmen von Hecken,
- Mähen von Rasenflächen,
- Nachbinden von Großgehölzen und
- Wässern und Düngen aller Pflanzflächen bei Bedarf 1.

Die **Fertigstellungspflege** auf dem Grundstück der Familie Schmitz erstreckt sich auf Pflegearbeiten an der Kräuterspirale und an der Dachbegrünung.

Beide Pflanzungen sind in einem abnahmefähigen Zustand, wenn:

- die erforderliche Pflanzdichte erreicht ist,
- die Pflanzen fest verwurzelt sind und
- die Flächen unkrautfrei sind 2.

Eine gleichmäßige Pflanzdichte wird gefördert, indem regelmäßig gewässert und gedüngt wird.

AUFGABE

1. Erstellen Sie eine Liste aller Arbeiten der Fertigstellungspflege für Familie Schmitz.
2. Erklären Sie, was die Baustellenabnahme für den Gärtner bedeutet.
3. Informieren Sie sich über die Fertigstellungspflege von Rasen.

ZUSAMMENFASSUNG

1. Baustelle vorbereiten

Pläne lesen und verstehen	Baustelle einrichten und sichern	Vegetation schützen

2. Projekte durchführen

Teich bauen	Kräuter-spirale bauen	Carport auf-bauen	Zaun setzen

3. Baustelle nachbereiten

Flächen und Mengen erfassen	Baustelle aufräumen	Pflanzungen pflegen

4. Neue Baustelle

z. B. Haus-weg, Terrasse und Sitzplatz pflastern	z. B. Hecke pflanzen	z. B. Treppe bauen	...

Lexikon

Abmagern: Durch das Beimischen nährstoffarmer Materialien wie Sand, verringert sich der Nährstoffgehalt des Bodens.

Auskoffern: Ausheben von Boden zur Herstellung einer Grube.

Begleitstauden: Stauden, die Gehölze oder Leitstauden in ihrer Wirkung unterstützen.

Beschläge: Gesamtheit aller Metallteile, die zur Befestigung benutzt werden, wie z. B. Schrauben, Bolzen, Nägel, Winkel und Riegel.

Bindig: Böden, die feinkörnig sind und deren Körner stark aneinander haften. Sie sind in der Hand knet- und formbar. Beispiele: Lehm, Schluff, Ton.

Dünger, mineralisch: Künstlich hergestellte Stoffe zur Nährstoffversorgung von Pflanzen, die häufig wasserlöslich und schnell wirksam sind.

Dünger, organisch: Tierische und pflanzliche Stoffe, die der Ernährung von Pflanzen dienen. Sie wirken langsam im Boden.

Gabione: Meist quaderförmiger Drahtkorb, der mit Steinen befüllt wird.

Habitus: Typische Wuchsform einer Pflanzenart.

Hartgestein: Gestein, meist vulkanischen Ursprungs, das einem hohen Druck standhält und schwer zu bearbeiten ist.

Imprägniert: Vor Durchfeuchtung mit wasserabweisenden Mitteln geschützt.

Kernholz: Hartes Innenholz eines Stammes durch Einlagerung von Gerbstoffen dunkel gefärbt und vor Zersetzung geschützt.

Komplementärfarbe: Farben, die auf dem Farbkreis einander gegenüberliegen, z. B. Gelb-Violett, Rot-Grün, Orange-Blau.

Lasur: Transparente Farbe, die ins Holz eindringt und es vor Witterungseinflüssen schützt. Die Maserung bleibt erhalten.

Laubholz: Holz gewonnen von Laubbäumen.

Lava: Flüssiges Gestein, sobald es an die Erdoberfläche tritt.

Legierung: Metallischer Werkstoff, der aus wenigstens zwei Elementen besteht. Messing besteht z. B. aus Kupfer und Zink.

Leitstaude: Staude, die wegen ihrer Blüte, Wuchshöhe oder -breite einzeln als Blickfang gepflanzt wird.

Lotrecht: Andere Bezeichnung für senkrecht oder vertikal.

Magma: Flüssiges Gestein, solange es unter der Erdoberfläche bleibt.

Mörtel: Eine Mischung aus Sand 0/3, Zement und Wasser.

Mulchen: Das Abdecken von Pflanzflächen, um Wildwuchs und Verdunstung zu verringern.

Nadelholz: Holz gewonnen von Nadelbäumen.

Nichtbindig: Böden, die mineralisch und grobkörnig sind. Sie haften nicht aneinander, sondern rieseln durch die Finger einer Hand.

Nivelliergerät: Gerät zum Einmessen von Höhen.

Oberboden: Dunkel gefärbter Boden, der viele organische Bestandteile wie zersetztes Laub enthält und dadurch reich an Nährstoffen ist.

Pflasterbeton: Beton, der als Pflasterbett oder als Bordsteinfundament verwendet wird.

Recycling: Hier: Materialien wie Verpackungen oder Reststoffe wie Bauschutt, der nach einer Aufbereitung erneut verwendet werden kann.

Sachkundenachweis: Gesetzlich vorgeschriebener Nachweis über die erforderlichen Kenntnisse und Fähigkeiten im Umgang mit Pflanzenschutzmitteln.

Samenunkräuter: Unerwünschte Wildpflanzen, die sich hauptsächlich durch eine massenhafte Entwicklung von Samen vermehren.

Säuregehalt (Boden): Er wird durch den pH-Wert mit Hilfe von Teststäbchen ermittelt. Ein niedriger pH-Wert bedeutet, dass der Boden sauer ist, ein hoher Wert zeigt kalkhaltigen Boden an.

Solitärsträucher: Große Gehölze, die sich aufgrund ihres Zierwertes zur Einzelstellung eignen.

Splintholz: Junges weiches Außenholz des Stamms, das der Wasser- und Nährstoffversorgung des Baumes dient.

Sprossen: Hier: Pflanzenstücke der Gattung Steinbrech, die wie Saatgut ausgesät werden können.

Stauden: Pflanzen, die nicht verholzen, und in der Regel während der Vegetationsperiode von Frühjahr bis Herbst wachsen, sich im Winter in den Boden zurückziehen und im kommenden Frühjahr neu austreiben.

Stubbenfräse: Motorbetriebene Frässcheibe, die zur Beseitigung im Boden verbliebener Baumwurzeln, z. B. nach der Fällung eines Gehölzes, eingesetzt wird.

Tiefengestein: Gestein, das aus der ehemaligen Magmakammer eines Vulkans entstanden ist.

Unterboden: hell gefärbter Boden, der nur mineralische Bestandteile, wie z. B. Sand und Ton enthält.

Vegetationsperiode: Zeitraum im Jahr, in dem eine Pflanze aktives Wachstum hat. Sie erstreckt sich meist von Frühjahr bis Herbst.

Weichgestein: Gesteine, die nur geringem Druck standhalten.

Wurzelhaare: Kleine weiße fadenartige Wurzelausstülpungen, die den Großteil an Wasser und Nährstoffen aufnehmen.

Wurzelunkräuter: Unerwünschte Wildpflanzen, die sich hauptsächlich durch tief in den Boden reichende Wurzeln oder teppichartig verzweigende Sprosse vermehren.

Namensregister deutsch

Deutscher Name	Botanischer Name
Bär-Lauch	Allium ursinum
Blut-Weiderich	Lythrum salicaria
Brunnenkresse, Echte	Nasturtium officinale
Dach-Hauswurz	Sempervivum tectorum
Frauenmantel, Weicher	Alchemilla mollis
Froschlöffel, Gewöhnlicher	Alisma plantago-aquatica ssp. plantago-aquatica
Garten-Kerbel, Echter	Anthriscus cerefolium ssp. cerefolium
Hechtkraut, Herzförmiges	Pontederia cordata
Hornblatt, Gewöhnliches Raues	Ceratophyllum demersum
Kalmus, Gewöhnlicher	Acorus calamus var. calamus
Kissen-Aster	Aster dumosus
Korkenzieherhaselnuss	Corylus avellana ‚Contorta'
Kriech-Quecke, Gewöhnliche	Elymus repens
Lavendel, Echter	Lavandula angustifolia ssp. angustifolia
Lorbeerbaum	Laurus nobilis
Mauerpfeffer, Milder	Sedum sexangulare
Mauerpfeffer, Scharfer	Sedum acre
Möhre, Wilde	Daucus carota ssp. carota
Oregano	Origanum vulgare ssp. vulgare
Petersilie	Petroselinum crispum
Pfeffer-Minze	Mentha x piperita
Rosmarin	Rosmarinus officinalis
Säuleneibe	Taxus baccata ‚Fastigiata'

Deutscher Name	Botanischer Name
Salbei, Echter	Salvia officinalis
Sauerampfer, Großer	Rumex acetosa
Scheinzypresse, Lawsons	Chamaecyparis lawsoniana
Schnittlauch	Allium schoenoprasum var. schoenoprasum
Schwanenblume	Butomus umbellatus
Seerose	Nymphaea Cultivars, in Sorten
Steinbrech	Saxifraga Cultivars, in Sorten
Streifen-Ahorn	Acer pensylvanicum
Sumpfkalla	Calla palustris
Sumpf-Dotterblume, Gewöhnliche	Caltha palustris
Sumpf-Schwertlilie, Asiatische	Iris laevigata
Sumpf-Vergissmeinnicht	Myosotis scorpioides
Tannenwedel	Hippuris vulgaris
Tausendblatt, Brasilianisches	Myriophyllum aquaticum
Teichrose, Gelbe	Nuphar lutea
Thymian, Echter	Thymus vulgaris
Wasserfeder, Europäische	Hottonia palustris
Wasser-Minze	Mentha aquatica
Wiesen-Kümmel	Carum carvi
Ysop, Gewöhnlicher	Hyssopus officinalis ssp. officinalis
Zitronen-Melisse	Melissa officinalis
Zungen-Hahnenfuß	Ranunculus lingua

Namensregister botanisch

Botanischer Name	Deutscher Name
Acer pensylvanicum	Streifen-Ahorn
Acorus calamus var. calamus	Kalmus, Gewöhnlicher
Alchemilla mollis	Frauenmantel, Weicher
Alisma plantago-aquatica ssp. plantago-aquatica	Froschlöffel, Gewöhnlicher
Allium schoenoprasum var. schoenoprasum	Schnittlauch
Allium ursinum	Bär-Lauch
Anthriscus cerefolium ssp. cerefolium	Garten-Kerbel, Echter
Aster dumosus	Kissen-Aster
Butomus umbellatus	Schwanenblume
Calla palustris	Sumpfkalla
Caltha palustris	Sumpf-Dotterblume, Gewöhnliche
Carum carvi	Wiesen-Kümmel
Ceratophyllum demersum	Hornblatt, Gewöhnliches Raues
Chamaecyparis lawsoniana	Scheinzypresse, Lawsons
Corylus avellana ‚Contorta'	Korkenzieherhaselnuss
Daucus carota ssp. carota	Möhre, Wilde
Elymus repens	Kriech-Quecke, Gewöhnliche
Hippuris vulgaris	Tannenwedel
Hottonia palustris	Wasserfeder, Europäische
Hyssopus officinalis ssp. officinalis	Ysop, Gewöhnlicher
Iris laevigata	Sumpf-Schwertlilie, Asiatische
Laurus nobilis	Lorbeerbaum
Lavandula angustifolia ssp. angustifolia	Lavendel, Echter

Botanischer Name	Deutscher Name
Lythrum salicaria	Blut-Weiderich
Melissa oficinalis	Zitronen-Melisse
Mentha aquatic	Wasser-Minze
Mentha x piperita	Pfeffer-Minze
Myosotis scorpioides	Sumpf-Vergissmeinnicht
Myriophyllum aquaticum	Tausendblatt, Brasilianisches
Nasturtium officinale	Brunnenkresse, Echte
Nuphar lutea	Teichrose, Gelbe
Nymphaea Cultivars, in Sorten	Seerose
Origanum vulgare ssp. vulgare	Oregano
Petroselinum crispum	Petersilie
Pontederia cordata	Hechtkraut, Herzförmiges
Ranunculus lingua	Zungen-Hahnenfuß
Rosmarinus officinalis	Rosmarin
Rumex acetosa	Sauerampfer, Großer
Salvia officinalis	Salbei, Echter
Saxifraga Cultivars, in Sorten	Steinbrech
Sedum acre	Mauerpfeffer, Scharfer
Sedum sexangulare	Mauerpfeffer, Milder
Sempervivum tectorum	Dach-Hauswurz
Taxus baccata ‚Fastigiata'	Säuleneibe
Thymus vulgaris	Thymian, Echter

Register

Bildquellenverzeichnis

adpic Bildagentur, Bonn: 87.3 (H. Brauer), 87.4 (S. Werner-Ney), 87.5 (C. Steiner), 87.7 (A. Trautmann);

alimdi.net, Deisenhofen: 81.3 (Martin Siepmann);

Amman Schweiz AG, CH-Langenthal: 47.3a;

ANDREAS STIHL AG & CO KG, Waiblingen: 31.3;

Basqué, Dorothea, Dortmund: 18.1, 19 (alle), 51 (beide), 52 (beide), 53 (beide), 54.2, 58 (beide), 59 (beide), 68.3, 72.1, 73.3, 73.4, 73.5;

Blickwinkel, Witten: 23.4;

Corbis, Düsseldorf: 15.3 (Leo Mason);

dreamstime.com, Brentwood: 8.1d (Gale Verhague), 16.2 (Darkop);

Druwe & Polastri, Cremlingen/Weddel: 12.1, 12.2, 61.3-.6;

Fehmer, Sabine, Grafik & Layout, Cremlingen: 21 (beide), 22.2, 80.2, 96.2;

fotolia.com, New York: 5.1 (froxx), 8.1a (pegasusart), 8.1b (studiophotopro), 15.4 (runzelkron), 41.3 (pegasusart), 61.2a (Andreas Heimbrock), 67.2 (Stefan Schnurr), 67.3, 75.4 (fefufoto), 80.1a (Thorsten Schier), 80.1b (Matthias Krüttgen), 80.1c (Hervé Rousseau), 80.1d (Toni H.), 93.2a (Xelissa), 93.2c (Harald Lange), 93.2e (danako), 93.2f (griflet);

Gartenbau Reiser, Holzkirchen-Föching: 68.4;

gartenform Garten- und Landschaftsbau GbR, Tangstedt: 46.2;

Husqvarna Deutschland GmbH, Ulm: 36.2;

Imago, Berlin: 88.1 (Margit Brettmann);

iStockphoto, Calgary: 61.2b;

Julius Berger GmbH &Co. KG - Werkzeugfabrik, www.berger-garten.com, Wuppertal: 31.1;

Kaufmann, Manfred, Eschweiler: 72.2;

MSL mobile Fahrstraße GmbH, Bocholt: 75.5;

Möhle, Bernd, Braunschweig: 81.4;

Petersen, Sabine, Schinkel: 7 (alle), 8.1c, 9.2, 15.1, 22 (beide), 23.3, 24.2, 25 (alle), 32 (alle), 41.1, 41.2, 41.4, 42 (alle), 44.1, 44.2, 46.3, 48 (alle), 49.3, 64 (alle), 65 (beide), 82 (beide), 84 (beide), 85 (alle), 87.1, 87.2, 87.6, 87.8, 87.9, 94.1, 96.1, 98 (alle), 99.4, 101 (alle), 102 (beide);

pixelio media GmbH, München: 76.1 (Ulrike Linnenbrink);

PLASTIA s. r. o., Nove Veseli: 81.5;

Rainpro GmbH Beregnungsausrüstung, Deutsch Evern: 34.2;

re-natur GmbH, Ruhwinkel: 93.2b;

Reinhard Kutscher GmbH & Co Baubetriebs KG, Dermbach: 57.2;

Robert Bosch GmbH, Stuttgart: 31.2;

Schönauer-Kornek, Sabine, Wolfenbüttel: 50.1;

SELTRA Natursteinhandel GmbH, Nürtingen: 55.2;

Sempervivum Paradies, Kehl: 93.2d;

Sprenger, Lothar, Dresden: 50.2;

Wacker Construction Equipment AG, München: 47.3b;

Wiesmann, Anne, Castrop-Rauxel: 5.2, 5.3, 9.3, 10 (alle), 11 (alle), 28 (alle), 29 (beide), 36.1a, 36.1b, 38 (beide), 54.3, 67.1, 68.1, 68.2, 74.1, 74.3, 90 (beide), 91 (nein).

Falls ein Bild oder ein Text nicht richtig oder gar nicht im Verzeichnis erscheint, bitten wir nachdrücklich um Entschuldigung. Wir bitten Sie, sich mit dem Verlag in Verbindung zu setzen.

Die Reihe für die Berufsausbildungsvorbereitung

BERUFSFELDER

Metall
Schülerbuch
112 Seiten
978-3-14-**290500**-6

Lehrerband
192 Seiten
978-3-14-**290600**-3

Gastgewerbe Hauswirtschaft
Schülerbuch
112 Seiten
978-3-14-**290504**-4

Lehrerband
192 Seiten
978-3-14-**290604**-1

Bau
Schülerbuch
112 Seiten
978-3-14-**290501**-3

Lehrerband
192 Seiten
978-3-14-**290601**-0

Holz
Schülerbuch
112 Seiten
978-3-14-**290502**-0

Lehrerband
192 Seiten
978-3-14-**290602**-7

Farbe + Raum
Schülerbuch
112 Seiten
978-3-14-**290503**-7

Lehrerband
192 Seiten
978-3-14-**290603**-4

... und weitere Berufsfelder

FÄCHER

Deutsch
Schülerbuch
160 Seiten
978-3-14-**290530**-3

Lehrerband
192 Seiten
978-3-14-**290630**-0

Mathematik
Schülerbuch
160 Seiten
978-3-14-**290531**-0

Lehrerband
192 Seiten
978-3-14-**290631**-7

... und weitere Fächer

THEMEN

Wohnen
Schülerbuch
112 Seiten
978-3-14-**290520**-4

Lehrerband
208 Seiten
978-3-14-**290620**-1

Geld
Schülerbuch
112 Seiten
978-3-14-**290521**-1

Lehrerband
192 Seiten
978-3-14-**290621**-8

... und weitere Themen

Alle Informationen zur Reihe finden Sie unter: **www.westermann.de/bav**